기독교 유아교육론

최수동 저

동문사

CHRISTIAN EARLY CHILDHOOD EDUCATION

by

Choi, Soo Dong

Ph.D. in Religious Education

2009

Dongmoonsa Press

Seoul, Korea

머/리/말

현대사회에서 유아교육의 중요성에 대해 의심하거나 반대하는 사람은 거의 없을 것이다. 유아교육에 대해서 잘 아는 사람은 물론이고 별로 교육에 대한 지식이 없는 사람들도 유아교육이 중요한 것이라고 느끼고 인정한다. 최근 더욱 활발해진 유아교육에 대한 사회적인 많은 관심과 홍보 때문일 것이다.

기독교에도 유아교육에 대해서 이런 사회적인 인식이 발전과 함께, 기독교 유아교육에 대한 관심이 높아지고 있고 중요성이 많이 인정되고 있다. 많은 교회들이 유치부나 유아부가 운영되고 그곳의 활동들도 활발하다. 그리고 기독교교육에 대한 특별한 관심이 없는 사람이라 할지라도 기독교 유아교육이 중요하다고 막연히 생각하는 것은 "어릴 때 들은 성경말씀이 평생 기억되고 중요한 역할을 한다."거나 또는 "어릴 때 좋은 예배 훈련을 하는 것이 중요하다."는 믿음 때문이다.

어린이들은 미지의 것을 향해 활짝 열려 있는 존재이며, 동시에 가득 채워져 있는 존재이다. 그들은 살아 있는 희망이다.

어린아이에게는 볼 수 없는 것을, 직접 대하는 실체보다 더 명백하고 현실적인 것처럼 볼 수 있는 능력이 있는 것 같다.

성경에 나타난 유아교육을 네 마디로 말하면 천연계, 인생경험, 유용한 일, 그리고 성경말씀이다. 이 네 가지는 예수께서 이 땅에 오셨을 때 30년 동안 받으신 교육이다. 이 네 가지의 영어(Nature, Experience of Life, Useful Work, Scripture) 두문자를 따면 뉴스(NEWS)가 된다. 참다운 의미에서 교육은 즉 인간을 구원하는 일이다. 그러므로 죽을 수밖에 없는 인류를 구원하기 위하여 이 땅에 내려오신 그리스도가, 장성한 성인으로 오지 않으시고 말구유에 놓이신 어린 아기로 태어나서 모든 인류의 모범이 되신 것은 그의 어린 시절부터이고, 그가 받은 네 가지 방법의 교육이야말로 이미 인류를 구원하기 위한 사역을 시작하신 것이며, 그 방법이 모든 어린이를 위한 최선의 교육의 처방이었음을 깨닫는 것이 오늘날 한국인에게 복음이 된다.

여기 기독교 유아교육을 위한 새 소식, 복음으로써 교육의 새 소식을 감히 부르짖는다. 교육의 새 소식(NEWS)이 온 국민의 숨통을 조이면서 실타래처럼 얽매어서 좀처럼 방향을 찾지 못하고 있는 한국교육의 난맥상을 풀어나갈 수 있는 계기가 되기를 바라면서 이 책을 내어놓는다.

참된 교육은 모든 이기적인 동기와 잘못된 관행으로 뒤틀어진 거짓교육의 폐해를 중화시키는 역할을 한다. 그리스도인 교육이야말로 이러한 올바른 역할을 하는 참된 교육이어야 한다. 그러면 과연 그리스도인 교육은 어떤 교육이며 그 원리는 어떠해야 하는가에 대답을 찾고자 하는 것이 이 책의 목적이다.

이 책을 읽는 모든 분들에게 그리스도의 가르치는 음성이 성령의 감화를 통하여 들려지기를 간절히 바란다. 이 책을 출판해 주신 동문사 유재영 부장님께 감사드린다.

2009년 7월
삼육동 연구실에서
최 수 동

차/례

제7장

유아기독교교육의 발달사 • 151

제8장

교육의 목적과 기독교 세계관 • 165

제9장

신앙발달론 • 181

제10장

그리스도인 교사 • 203

제1장

교육이란 무엇인가?

이스라엘은 교육의 백성이다. 교육, 즉 가르침이 이스라엘의 중심이었다. 이스라엘을 선택된 백성이 되게 한 것도 교육이었다. 그들이 믿는 하나님이 최초의 교육자이셨으며,[1] 이스라엘의 시조는 피교육자였다. 에덴동산은 최초의 학교였다. 따라서 구약성서의 첫 번째 책인 창세기는 가르치고 배우는 장으로 시작하고 있다. 이러한 시작 장면은 구약성서 전체의 배경을 이루고 있으며 이스라엘의 역사 전체에 걸쳐서 이루어지는 교육의 밑바탕을 제공하고 있다. 구약의 가르침을 요약한다면 첫째는 이스라엘을 택한 백성으로 삼아주시고 구원해주신 하나님을 전심을 다하여 사랑하라는 것이요, 둘째는 그 하나님에 대한 사랑의 표현으로써 당대의 세대가 가지고 있는 그 신앙을 다음 세대에게 올바로 가르쳐서 전달하라고 하는 엄숙한 명령이다.[2]

아브라함은 그의 가정에서 교육에 힘쓴 사람이었다. 유대인의 교육의 전통은 아브라함으로부터 시작되었다고 할 수 있다. 모세는 애굽으로부터 이스라엘 백성을 불러내어 광야에서 교육하였다. 당시에는 평생 노예생활로 찌든 무식한 백성들이 대다수를 이루고 있있다. 그들은 하나님에 대해서도 거의 알지 못하고 애굽의 우상숭배에 길들여져 있었다. 하나님은 모세를 통하여 이러한 백성들을 교육하시며 도덕적으로 높은 수준으로 끌어올리기 위하여 율례와 법도를 주시고 온갖 이적으로 그들의 앞길을 인도하셨다. 모세 오경 중에 출애굽기로부터 신명기까지 네 권은 교육을 위하여 쓰여진 책이라고 해도 과언이 아니다. 그중에서 신명기는 이스라엘의 교육을 위하여 주어진 책이라고 할 수 있는데 신앙공동체의 삶에 필수적인 기본적인 규범과 내용으로 가득 차 있다. 이스라엘에게만 주어진 성소제도와 제사제도, 건강 법칙과 위생 규칙 등 모든 생활에 관련된 규례들이 교육을 통하여 다음 세대에게 전달되어야 하였다.

사무엘 시대에는 보편화된 악에 대항하기 위하여 부모의 교육만으로는 부족하게 되었다. 하나님에 대하여 가르치는 일에 종사하기 위하여 하늘의 부름을 받은 선지자들이 필요하게 되었다. 이러한 교사들을 교육하기 위하여 사무엘은 선지자 학교를 설립하고 편만한 부패에 대한 방벽으로 청년들을 교육하고 봉사할 자격이 있는 사람들을 배출함으로써 민족적 번영을 도모하고자 하였다.[3] 이사야나 예레미야와 같은 선지자들도 설교자와 교사를 겸하였다고 사료된다.[4] 선지자들은 그 시대의 사회교육자들이라고 할 수 있다. 에스라와 느헤미야도 당대의 백성들을 교육하기 위하여 최선을 다하였다. 현대에 이르기까지도 유대인의 특징을 이루고 있는 것이 교육을 최우선으로 삼는 백성이라는 사실이다.

이스라엘 민족의 생존 비결을 알아보려면 유대인의 종교 교육으로부터 출발해야 한다. 유대인들은 가정에서 철저히 유대인 교육을 시킨다. 그들의 교육은 세상에서 어떻게 변화하며 살아남느냐 하는 것이 아니다. 그들의 교육은 토라와 탈무드에 근거한 신본주의(神本主義) 교육이다. 조국 이스라엘은 선택된 여호와 하나님의 나라이고 자신들은 이방인 세상과는 구별된다는 선민의식이 그들의 존재를 가능하게 만들었다. 그러므로 교육 또는 가르침이라는 뜻으로 사용된 구약의 단어들의 용례를 찾아서 그 의미를 깊이 살펴보는 것은 중요한 일이다. 구약에서 교육 또는 가르침이라는 뜻으로 사용된 단어들의 원래의 숨은 뜻을 찾아냄으로써 그 숨겨진 뜻 속에서 분명한 개념을 파악하여 현대교육에 적용시킬 수 있도록 시도하는 것이다.

이스라엘에게 있어서 교육은 무엇을 의미하는가? 구약에서 교육은 어떤 의미를 가지고 있는가? 사용된 단어의 용례를 통하여 그 답을 구하고 그것에 의하여 현대 그리스도인 교육의 원형을 찾아보고자 하는 것이다. 그에 따라 오늘날 그리스도인 교육이 어떠해야 할지에 대하여 조명하고 그 함축된 암시를 찾는 일은 중요한 일이다.

먼저 교육의 정의를 내리기 위하여 우리말, 영어, 한자의 교육에 관련된 단어의 어원과 원래의 뜻을 살펴봄으로써 현대 그리스도인의 교육이 지향해야 할 교육의 원형을 밝히도록 하겠다.

1 교육의 정의

어떠한 사물에 대하여 내리는 정의(定意)는 매우 중요한 역할을 한다. 즉 그 사물에 대한 이해를 명확하게 해주고, 방향을 제시하고 설정해 주며, 상호이해(Common Ground)의 장을 제공해 주고, 상이(相異)한 가운데에서도 공통 사고를 할 수 있는 근거를 제공해 준다. 그러므로 무엇보다도 먼저 정의를 내리는 일이 필요하다.

교육이란 무엇인가? 현재 살아가는 사람들이 앞으로 살아갈 사람들을 가르치고 키우는 일이라고 할 수 있다. 교육행위는 가르쳐 키우는 일이다. 이것은 인간에게만 주어진 특권이다. 동물에게는 환경에 대한 적응, 성장은 있지만 교육은 없다. 오직 인간만이 주어진 환경 속에서 성장하며 개선하며 교육을 통하여 문화와 역사를 창조해 갈 수 있는 능력을 가지고 있는 것이다.

신명기 4장 9, 10절은 "오직 너는 스스로 삼가며 네 마음을 힘써 지키라 두렵건대 네가 그 목도한 일을 잊어버릴까 하노라 두렵건대 네 생존하는 날 동안에 그 일들이 네 마음속에서 떠날까 하노라 너는 그 일들을 네 아들들과 네 손자들에게 알게 하라. 네가 호렙 산에서 네 하나님 여호와 앞에 섰던 날에 여호와께서 내게 이르시기를 나를 위하여 백성을 모으라 내가 그들에게 내 말을 들려서 그들로 세상에 사는 날 동안 나 경외함을 배우게 하며 그 자녀에게 가르치게 하려 하노라 하시매"라고 기록되어 있다. 이것은 교육의 의미를 잘 드러내는 성경절이다.

순수한 우리말로 교육을 '가르치다'라고 한다. 이 말은 가리키다(指示)와 가리다(구별)라는 말과 비슷하다. 즉 교육은 흑백구분, 시비판단, 선악(善惡) 구분을 할 수 있도록 가리는 일과 관련이 있다는 뜻이다. 판단, 나눔의 의미이다. 또한 치다라는 말도 들어 있다. 즉 기르다(牧養, 養育)는 의미이다. 가축을 치다, 새끼를 치다, 즉 낳는 일, 기르는 일을 다 포함한다. 더 나아가 성장하게 한다는 의미를 포함한다.

반면에 '배우다'는 배(腹) 속에 배(孕)는 일, 즉 잉태하는 일과 관련이 있다. 따라서 학습자에게 진리의 싹을 배게 하는 일이 교육이라는 말이다. 진리(眞理)의 학태(學胎)라는 말은 이 사실을 잘 나타내주는 표현이다.

영어로는 교육을 Education이라고 한다. 이 말은 라틴어로 educo, 즉 e(out)와 duco(to draw)의 결합어로써, 즉 이끌어낸다, 끄집어낸다라는 뜻이며, 사람의 선천적 가능성을 이끌어내어 키워준다는 의미를 함축하고 있다. 또 하나의 영어 단어 Pedagogy는 헬라어 paidagogoen, 즉 paidos(child)와 agogos(leader)의 합성어로써, '어린이를 이끈다'는 말인데, 그리스 사회에서 교사가 아동을 공공의 교육장소(학교, 체육관)로 데리고 다니며 교육한 데서 연유한 말이다. 이 뜻은 성서에 나오는 '몽학선생(갈3:24, 25)'의 의미와 상통한다. 즉 어린이를 바람직한 방향으로 이끈다는 뜻이다. 영어로 교육을 의미하는 두 단어는 어린이를 바람직한 방향으로 이끌어 저마다의 타고난 선천적 재능이나 소질을 이끌어 내어 계발시켜준다는 뜻으로 해석된다.

한자로는 가르칠 교(敎), 즉 교사가 막대기를 들고 어린이로 하여금 어른들을 본받게 한다는 뜻이다. 기를 육(育)은 어린이를 낳아 키우고, 어머니(母)가 따뜻한 젖가슴에 안음을 뜻한다. '가르칠 敎'와 '기를 育'의 합성어로써의 교육은 이미 교육이 갖는 중요한 두 측면을 나타내어 준다고 할 수 있다. '교(敎)'란 피교육자의 외부로부터 피교육자에게 문화와 전통, 생활기술, 풍습, 언어 등을 가르쳐 주는 것을 말한다. 반대로 '육(育)'은 피교육자 안에서부터 그가 생득적으로 가지고 있는 소질과 성품과 성장의 잠재능력들을 바르고 순조롭게 자라날 수 있도록 보호육성해 주는 것을 말한다. 따라서 그 둘의 합성어로써의 교육이란 피교육자의 외부에서부터 일정한 가르침을 통하여 피교육자 안으로 영향을 미쳐 들어가는 것과, 피교육자 내부에서부터 그의 잠재력을 끄집어내어 길러 주는 것 간의 상호작용이라고 할 수 있다.

이 같은 어원적 설명으로부터 알 수 있는 것은 '교육'이란 교육자가 피교육자에게 필요한 여러 가지의 것들을 가르쳐 주고 사회가 원하는 대로 이끌어 가는 것뿐만 아니라, 피교육자의 내부에 들어 있는 잠재적인 성장의 가능성이 올바로 발전하고 성장할 수 있도록 도와 주는 활동으로 드러나야 한다는 것이다. 가르치고 키우는 일인 '교(敎)'와 '육(育)'은 어느 한 측면도 간과되지 않고 서로 상호작용하면서 이루어져야 한다.

이러한 모든 교육이라는 단어의 어원을 살펴보면, 피교육자가 지녀야 할 발전 가능성과, 교육자가 지녀야 할 교도훈련성, 그리고 둘을 하나로 포괄해 주는 인격매개성 등을 포함하고 있다.

즉 교육이란, 억지로 밖에서 안으로 넣어주는 일이 아니라 피교육자 자신 속에 숨어 있는 내적 가능성을 고양시켜서, 안에서 밖으로 발전하려는 잠재력을 도와 이끌어내고, 이를 구체화, 현실화, 문화화시키는 일이 교육이라는 뜻이다.

소크라테스는 "교육은 산파술이다"이라는 말을 남겼다. 진실로 교육은 또 다른 의미에서 생명의 탄생을 돕는 일이다.[5]

2 구약에 나타난 '가르침'을 뜻하는 히브리 단어의 용례

구약에서 가르침이라는 뜻으로 사용된 히브리어 단어는 12가지를 찾을 수 있다.[6] 그중에서 대표적인 2가지 단어의 용례를 살

펴보면 다음과 같다.[7]

1) לָמַד lamad

가르치다(teach) 56번, 배우다(learn) 22번, 지도하다(instruct) 3번, 익숙한 자(expert) 3번, 스승(teacher)으로 1번 사용되었다.

'가르치다'라는 뜻으로 가장 많이 사용된 단어이다. 또는 '배우다'라는 뜻으로도 널리 쓰였다. '자극하다', '훈련하다'라는 뜻도 가지고 있다. 소가 밭을 가는 것을 배우기 위하여 멍에를 짊어지는 장면을 연상시키는 단어이다.[8] 신명기와 시편에 많이 사용되었는데, 신명기 4, 5, 6장의 첫 절마다 이 단어가 나온다. 『이스라엘아 이제 내가 너희에게 가르치는 규례와 법도를 듣고 준행하라 그리하면 너희가 살 것이요 너희의 열조의 하나님 여호와께서 너희에게 주시는 땅에 들어가서 그것을 얻게 되리라』(신4:1). 『모세가 온 이스라엘을 불러 그들에게 이르되 이스라엘아 오늘 내가 너희 귀에 말하는 규례와 법도를 듣고 그것을 배우며 지켜 행하라』(신5:1).

신명기4:5; 4:10; 6:1; 11:19에 모두 '가르치라'는 단어로 나오고, 18:9에는 '본받지'라고 번역되었다. 시편119:7의 『내가 주의 의로운 판단을 배울 때에는 정직한 마음으로 주께 감사하리이다』에서 보듯이 주로 시편과 잠언에서 가르침과 배움의 뜻으로 많이 사용되었다(시18:34; 25:4; 51:13; 106:35; 119:99; 5:13; 렘12:16).

이 단어가 가르치다와 배우다라는 뜻을 동시에 가지고 있는 것으로 보아서 구약에서는 궁극적으로 하나님을 경외하는 것이 가르침과 배움을 모두 포함한다는 사실을 보여주고 있다(신4:10; 14:23; 17:19; 31:12, 13). 배운다는 것은 하나님의 뜻과 율법에 일지

된다는 것을 의미한다.

이 단어는 '익숙하다'라는 뜻으로 여러 번 사용되었다(대상5:18; 대상25:7; 아3:8; 렘31:18). 사무엘하 22:35의『내 손을 가르쳐 싸우게 하시니』에서 '단련시키다', '익숙케 하다'는 뜻과 연관시키면 이 말은 하나님이 다윗의 손을 전쟁에 익숙하도록 단련시키셨다는 의미로 해석될 수 있다. 또 다른 용례는 전쟁의 방법을 훈련받는 사람들(대상5:18)과 노래의 사용을 배우고(시 60편의 표제; 삿3:2; 아3:8), 미가는 사람들이 더 이상 전쟁을 연습하지 않는 때를 그렸다(미4:3; 사2:4).

무엇보다도 아무도 주를 가르치거나 주의 모사 역할을 하지 않았다(사40:14). 오히려 누구든 지식을 가진 자는 다 주로부터, 즉 모든 진리의 원천으로부터 배운 것이다.[9]

가르치다와 배우다를 하나의 동사 '라마드'로 쓰는 것은 남을 가르쳐봐야 실전에서 익힌 경험과 지혜들이 완전히 자기 것이 된다고 믿기 때문이다. 이것이 교학상장(教學相長)이다. 가르침과 배움이 서로 도움을 주며 길러준다는 의미이다. 가르치다 보면 배울 수 있고 그러다 보면 자신에게 부족한 면을 깨닫고 노력할 수 있기 때문이다. 끊임없이 배우는 자만이 남을 가르칠 자격이 있다. 그러므로 이 단어는 또한 스승의 의미와 제자의 의미를 동시에 가지고 있다. 즉 가르치려고 하는 자는 반드시 배우는 자다.

2) שָׁנַן shanan

날카롭다(sharp) 4번, 연마하다(whet) 2번, 갈다(sharpen) 1번, 찌르다(prick) 1번, 부지런히 가르치다(teach diligently) 1번 사용

되었다.

가장 유명한 가르침에 관한 말씀에 사용되었다. 신명기6:7의 『네 자녀에게 부지런히 가르치며 집에 앉았을 때에든지 길에 행할 때에든지 누웠을 때에든지 일어날 때에든지 이 말씀을 강론할 것이며』 원 뜻은 칼을 갈고 연마하다이다(신32:41; 시64:3). 날카롭다는 용례도 많다(시45:5; 시120:4; 시140:3; 사5:28). 찌르다는 용례도 있는데, 여기서는 '심장'이라는 목적어와 합하여져서 마치 예리한 송곳으로 찌르는 것과 같은 격심한 마음의 고통을 가리킨다(시73:21). 비유직으로 혀를 날카롭게 하다는 뜻으로 사용되기도 했다(시64:3) 그 밖에 뾰족(잠25:18), 반복하다라는 뜻도 있다.

신명기6:7에서 '가르치다'에 해당되는 동사의 기본적 의미는 두 가지, 즉 '날카롭게 하다'와 '반복하다'이다. 전자의 의미는 내면적 차원에서 가르침의 의미를 보여주는 것이라고 한다면, 후자의 경우는 외형적 차원에서의 가르침을 의미한다. 즉 하나님의 말씀을 반복적으로 가르치되 그 의미가 늘 날카롭게 느껴져야 한다는 것이다.

가르침의 이 두 가지 의미는 상호보완적인 관계에 있다. 중요한 내용을 반복하여 숙달하는 것이 좋은 교육의 방법이다. 유대인 교육의 특징은 반복적으로 가르치는 것이다. 그러나 교육이 반복에만 머물게 되면 내용의 중요성을 상실하기 싶다. 반복하되 그 내용을 적절하게 적용하는 예리함이 있어야 하는 것이다.[10]

그러므로 자녀들을 부지런히 가르치되 칼을 날카롭게 연마하여 준비하듯이, 그 칼이 정곡을 찌르듯이 그렇게 가르치라는 의미로 이해할 수 있다. 또한 가르치는 일을 쉬지 말고 지속적으로 해야 한다는 것과 온갖 기회를 다 이용하여 가르쳐야 한다는 것을 강조하고 있다. 즉 언제 어디서나 하나님의 계명의 말씀을 기억하고 잊지 않도록 철저하게 가르치라는 명령이다. 모세의 가르침은 삶의 모든 영역을 교육과 관련지으라고 요청한다. 하나님에 대한 사랑은 하나님의 명령에 대한 순종과 자신의 전부(마음, 영혼, 정신, 힘)를 드리는 것을 의미한다. 전적인 헌신을 요구하는 이 가르침은 동시에 배우는 자들에게 날카롭고 예리할 정도의 도전을 제시해야 한다.[11] 따라서 이 말은 생명력 있는 하나님의 말씀으로 자녀들의 마음과 영혼을 예리하게 찌르듯 감동시키고 교훈하라는 뜻임을 알 수 있다. 이는 자녀에 대한 부모의 신앙 교육의 책임과 의무를 일깨워 주고 있다. 즉 가르칠 때 엄격하게 가르쳐야 할 것을 뜻한다. 날카롭게 그의 마음을 채찍질하며, 잘못한 모든 것에 대하여 그 잘못을 찔러 다시는 그와 같은 일들을 반복해서 하지 않는 자가 되도록 말씀에 의하여 가르쳐야 한다는 것이다. "하나님의 말씀은 살았고 운동력이 있어 좌우에 날선 어떤 검보다도 예리하여 혼과 영과 및 관절과 골수를 찔러 쪼개기까지 하며 또 마음의 생각과 뜻을 감찰하나니"(히4:12)라고 사도 바울이 기록하였을 때, 그는 분명히 '솨난'이라는 단어를 염두에 두었을 것이다.

이상에서 본 바와 같이 구약에서의 가르침이라는 단어의 용례는 첫째, 단순한 가르침을 넘어 긴박성을 느끼게 하는 경고와 경계의 의미를 보여주고 있으며, 더 나아가서는 강력한 경고의 의미로 삶과 죽음의 문제와 연관시켰는데, 단순한 이생의 삶이 아니라 영원의 운명을 결정하는 경고를 뜻함으로 얼마나 엄숙한 경고와 경계를 말하는지를 나타내고 있다. 또한 이러한 엄숙한 경계와 교훈의 결과는 영원히 빛날 것임을 약속하고 있다.

둘째, 솔로몬이 쓴 잠언과 전도서에 주로 사용된 지혜라는 용어는 가르침이 지혜를 얻고 가르치는 일과 밀접한 관련이 있는 것처럼 보이게 한다. 셋째, 알다, 알게 하다, 즉 지식, 깨닫다는 뜻으로 쓰인 것은 가르침이 앎과 지식, 깨달음과 직접적인 연관이 있음을 보여주고 있다. 이 지식은 단지 들어서, 책을 통해서 아는 앎이나 지식이 아니라 체험을 통해서 얻은 지식, 즉 확실한 인식, 또는 인지를 뜻한다. 넷째, 쏘다, 던지다, 교사, 비라는 뜻으로 사용된 용례에서는 가르침이라는 뜻이 마치 활이나 창을 쏘듯이 뭔가를 강하게 던지는 의미를 포함하고 있고 그와 연관해서 쏟아지는 강한 비를 뜻하기도 했다. 다섯째, 경멸하다, 거만하게 말하다, 멸시하다, 무시하다라는 뜻의 용례가 동시에 교사라는 뜻으로 쓰인 것으로 보아 가르치는 자가 배우는 자에게 거만할 정도로 권위를 가지고 가르치라는 뜻으로 이해할 수 있다. 여섯째, 가르치다, 배우다, 지도하다는 뜻을 가진 용례는 익숙한 자라는 뜻으로도 사용된 것으로 보아서 익숙한 스승이라는 뜻도 포함하고 있다. 일곱째, 자녀들을 부지런히 가르치되 칼을 날카롭게 연마하여 준비하듯이, 그 칼이 정곡을 찌르듯이 그만큼 강하게 영향력 있게 가르치라는 의미로 이해할 수 있다.

구약에는 그 밖에도 여러 가지 단어들이 가르침에 관련되어 사용되었고 각 단어들은 부수적인 여러 가지 의미를 내포하면서 가르치고 배우는 일에 내포된 풍부한 뜻들을 암시하고 있다. 그러나 무엇보다도 가르침에 관련된 가장 중요한 단어는 '토라(Torah)'라고 할 수 있는데, 이 단어는 우선 일차적으로 율법이라는 뜻으로 사용되고 있지만, 그 어원에 있어서 '쏘다', '내던지다', 그물을 드리우다라는 의미에서 유래되었다. 그것은 명사로 지침, 법, 교훈이라는 의미를 지닌다. 그러기에 '토라'를 교훈서라고도 부른다. 여기에서 말하는 교훈은 하나님께서 모세를 통하여 이스라엘 백성들에게 주신 하나님의 교훈, 즉 하나님의 구원 행위에 대한 인간의 순응에 대한 가르침 전체를 의미한다. 그러므로 하나님의 율법은 하나님으로부터 직접적으로 주어진 것이며, 그들의 생활을 이끌고 있는 구체적인 내용이 바로 율법이고, 또한 율법은 그들을 생명으로 인도하는 하나님의 빛이요 안내자로[12] 인식하고 있는 것이다.

유대인들은 토라를 무엇보다 중요하게 여겼기 때문에 토라 연구를 가장 우선해야 할 일로 여겼다. 그래서 아무리 가난한 자라도 토라를 연구할 의무는 주어졌다고 가르쳤다. 하나님께서 여호수아에게 주신 "이 율법책을 네 입에서 떠나지 말게 하며 주야로 그것을 묵상하여 그 가운데 기록하대로 다 지켜 행하라."(수1:8)는 명령에 근거하여 모든 유대인은 가난하든 부하든, 건강하든 약하든, 젊었든 늙었든 불문하고 토라를 연구해야만 한다. 심지어 집집마다 구걸하는 거지라도 토라를 연구해야 한다고 강조한다.[13]

하나님은 자녀인 이스라엘에게 토라를 주었고 이스라엘의 부모는 자기 자녀에게 토라를 가르치는 사명을 가지고 있다. 그래서 '부모'란 단어는 '토라를 가르치는 자', '토라를 교훈 하는 자'에서 유래하고 있는 것이다. 이스라엘에서 좋은 부모는 사회적으로 신분이 높거나 많은 유산을 물려주는 사람이 아니다. 자녀들에게 율법을 잘 가르쳐 주고 하나님의 법도 안에서 바르게 살아갈 수 있도록 양육해주신 분이 가장 훌륭한 부모이다. 유대인들에게 부모는 육신을 낳아주신 분이기도 하지만 정신을 낳아 주신 정신의 부모, 즉 교사이기도 하다. 부모들은 회당의 교사가 되면서 현대적으로 표현하면 교회 교사가 된다.

3 결 론

구약에 있어서 교육은 과연 어떠한 의미로 이해되고 있는가? 교육은 무엇을 지향하고 있으며 어떠한 내용과 목적을 가지고 있는가? 이러한 질문은 오늘날 현대의 교육적 상황과 실천에서 그리스도인 교육에 어떠한 의미를 부여하고 있는가?

구약의 이스라엘의 교육은 첫째로 하나님을 사랑하라는 것을 궁극적 목표로 삼고 있으며 하나님의 구원과 택정에 응답하여 선택된 백성으로서의 특별한 사명을 위하여 존재하는 이스라엘은 그 사명과 부르심에 응답하기 위하여 특별한 의미의 교육이 필요하다는 것을 강조하고 있다. 그런 의미에서 구약의 교육은 각 개인의 인격적인 도야 또는 함양을 통한 인격완성을 그 목표로 하고 있지 않다. 그보다는 공동체의 형성, 역사의 형성과 같은 보다 크고 넓은 의미를 지닌 교육을 목표로 하고 있으며,[14] 이 사실은 그들이 사용한 교육이라는 뜻의 단어를 살펴볼 때 분명하게 나타난다. 이 단어들의 용례를 살펴보면, 하나님에 대한 지식은 삶과 죽음에 직결되어 있는 매우 심각한 성격을 의미하고 있다는 것을 강조하고 있다.

기독교교육은 구약의 이스라엘의 교육의 전통과 유산을 부정하지 않는다. 신약의 가르침은 진공상태에서 갑자기 도래한 것이 아니며, 풍부한 구약적 배경과 유산으로부터 그 뿌리와 원형을 찾아야만 한다. 따라서 기독교교육은 유대주의적 토양 속에서 성장하여 왔고, 교회가 유대적 관습을 따르는 것은 이상한 일이 아니다.

기독교인들이 늘 암송하는 소위 사도신경과 같은 신앙고백과 유대인들의 교육헌장인 '쉐마' 사이에 큰 차이가 있음을 발견하게 된다. 기독교인들의 사도신경은 신앙의 고백에 초점과 강조가 있다고 한다면, 유대인들의 쉐마에는 단순한 신앙고백만이 아니라 하나님을 사랑하는 방법, 그리고 그런 삶과 신앙을 자손들에게 전수해야 할 구체적인 문제까지 포함되어 있다. 이러한 유대인들의 구체적인 신앙교육 방법론은 수천 년이 지난 오늘날까지도 변함없이 지켜져 오고 있다.

유대인들의 신앙교육의 방법론을 자세히 살펴보면, 자녀들의 신앙교육을 책임지고 있는 주체가 각 가정의 부모들이라는 점이다. 그래서 이스라엘의 가정은 단순히 집만이 아니라 더 큰 의미를 가져서 가정일 뿐 아니라 회당이요, 학교요, 배움의 터전이었다. 집에서 글을 배우고 하나님을 알게 되고 예배를 배우는 것이다. 이 일을 부모가 감당을 하고 책임지는 것이다. 이스라엘에서 훌륭한 부모란 바로 훌륭한 교사였던 것이다. 그들은 먼저 자신들이 솔선수범해서 하나님의 말씀대로 살면서 자녀들에게 부지런히 가르치라고 명령을 받았다.

이렇게 이스라엘 백성들은 전부 자기 자녀들을 부모가 철저하게 신앙으로 책임을 졌기 때문에, 이스라엘에는 '전도'라는 말이 없다. 자신이 낳은 자녀는 스스로 책임을 지고 자신이 하나님의 사람으로 만들어 가는 것이다. 이것이 일차적인 부모의 책임이며 사명이다. 낳고 먹이고, 입히고, 재우고, 학교 보내고,

과외시키는 것이 부모의 일차적인 책임이라고 믿는 현대의 풍토와는 너무나 차원이 다른 것이다. 그래서 이스라엘의 모든 자녀들은 부모를 부모 이전에 먼저 스승으로 대한다. 낳아주시고 길러주신 은혜만이 전부가 아니라 나를 사람되도록, 하나님을 바르게 섬기도록 가르쳐 주신 스승으로 존경하고 받드는 것이다. 그래서 유대인들이 아버지를 소개할 때는 언제나 이렇게 소개한다고 한다. "나의 스승이셨던 나의 아버지는 ……" 만일 그냥 "나의 아버지는……"이라고 말하면 유대 사회에서는 버릇없는 불학무식한 자로 낙인찍힌다.[15] 그만큼 부모의 교육적 책임을 강조하고 있는 것이다.

오늘날 교회의 현실에서 볼 때 이 점은 매우 의미 있는 지적이다. 오늘날 교회에서 과연 부모들은 자녀들의 신앙교육을 책임진 주체로 적절하게 행동하고 있는가? 어쩌면 자녀들의 일반교육에는 남다른 열성을 보이지만, 실상 신앙교육에 관하여는 교회나 삼육학교 교사들에게 일방적으로 맡겨 놓고 있는 실정이 아닌가? 더 나아가서 현재 한국사회는 지나치게 교육의 문제, 교실붕괴 문제를 교육자들과 교육 정책 담당자들에게만 떠넘기고 있다. 부모는 문제가 없는가? 교육황폐의 원인은 오히려 부모에게서 찾아야 한다. 가정교육에서부터 그 원인을 찾아야 한다.

교회는 교육공동체이다. 공동체 내에서 그 구성원들은 예배와 친교와 봉사를 통하여 기독교신앙의 의미를 배운다. 그러므로 교회는 기독교신앙 안에 있는 사람들의 양육을 위한 교육의 장을 제공하고 성장의 바탕을 마련해준다. 그러나 교육의 일차적인 책임은 여전히 부모들에게 주어져 있다. 최초의 교육 장소는 가정이다. 가정에서 가장 기본적인 신앙을 배우는 것이 최선의 방법이다. 그러므로 교회의 역할은 부모들로 하여금 언제 어디서나 매순간의 삶 속에서 하나님을 인정하고 그 가르침을 순종하며 사랑의 헌신을 드릴 수 있도록 자녀들을 교육할 수 있도록 도와주는 것이다. 부모들은 신앙공동체의 지원과 도움을 필요로 한다.[16] 교육의 장은 교회에서 가정으로, 교회교사들의 손에서 부모의 손으로 이양되어야 한다. 교회가 가정을 협력해야 하고 보조 기관이 되어야 한다. 그래야 교회교육이 살아남을 수 있다. 제대로 된 그리스도인 교육이 되려면 가정에서부터 먼저 신앙교육이 되어야 한다.

주

1. 엘렌 G. 화잇, 교육(서울: 시조사, 1991), 17.
넬스 페레(Nels Ferre)는 '기독교교육을 위한 신학'(1967)에서 하나님을 교육자, 예수를 하나님의 교육을 구체적으로 보여준 모범자, 성령을 현대 신자 가운데 활동하는 개인교사로 묘사하였다.
2. J. D. 스마트, 장윤철 역, 교회의 교육적 사명(서울: 대한 기독교교육협회, 1993), 13.
3. 엘렌 G. 화잇, 부조와 선지자, 하(서울: 시조사, 1997), 192.
4. 스마트, 16.
5. 장종철 외, 기독교교육(서울: 대한 기독교교육협회, 1992), 13-15.
6. R. L. Harris, et. al., Theological Wordbook of the Old Testament, vol. I, II(Chicago: Moody Bible Institute, 1980).
7. NIV 구약원어대조성경 히브리어사전(서울: 도서출판 로고스, 1993).
8. 베르너 C. 그랜도르, 김국환 역, 복음주의 기독교교육론(서울: 기독교 문서선교회, 1992), 37.
9. Harris, 480.
10. http://www.bibleland.or.kr/judaism/shema.htm
11. 로버트 W. 파즈미뇨, 박경순 역, 기독교교육의 기초(서울: 디모데, 2003), 21.
12. 상게서, 38.
13. http://www.bibleland.or.kr/judaism/Torah.htm
14. 정웅섭, 기독교교육개설(서울: 대한기독교교육협회, 1996), 107.
15. http://eastvill.or.kr/zboard
16. 파즈미뇨, 23.

제2장

기독교교육학이란?

1 기독교적 종교교육Christian Religious Education

1) 교육으로써의 특징

교육행위의 세 가지 기본전제는 의도성, 계획성, 가치지향성이다. 즉 구체적인 결과와 목적에 대한 의도성과, 어떻게 할 것인가에 대한 계획성과, 어떤 가치를 추구하는지에 대한 지향성이다. 이러한 성격은 기독교교육에도 꼭 필요한 것이다.

교육의 세 가지 구성요소는 주체, 객체, 매체인데, 즉 주체는 교육자요, 객체는 피교육자(학습자)이며, 매체는 교육내용이다. 이 세 가지 구성요소 또한 기독교교육에도 똑같이 적용되는 것이다.

2) 종교교육으로써의 특징

기독교교육은 하나의 교육행위로써 일반교육과 공통특성을 가지고 있지만 거기에 더하여 "기독교"라는 종교적 요소가 추가 되어 있다. 다만 근본적인 차이점은 일반교육은 삶의 자연적인 차원을 주로 다룬다고 본다면 종교교육은 초자연적이며, 영적이고, 초월적 차원을 다룬다고 할 수 있다. 그러나 자연적 차원과 밀접한 관계 속의 초월적 차원만이 진정한 의미를 가지고 있다. 인간의 삶이 엮어지는 시간과 공간을 배경으로 하여 어떤 구체적인 양상으로 이해되고 표현된 부분, 즉 역사 속에서 여러 가지 전통으로 존재해 온 문화를 배경으로 하여 일상적인 삶의 현장에서 다양하게 펼쳐지는 가운데 종교적 의미를 추구하는 교육이 기독교교육이다.

3) 기독교교육으로서의 특징

기독교교육은 물론 "기독교"를 가르치는 교육이다. 이 세상에 존재하는 많은 종교적 현상 가운데서 "기독교"라고 일컬어질 수 있는 총체적인 종교적 실재에 포함되는 모든 것이 기독교교육의 대상이다. 이것은 단순히 신학, 교리, 또는 신조 이상의 것들, 즉 그리스도인 삶의 양식 모두를 포함한다. 인간이 하나님, 다른 인간들, 자연계와 역동적 관계 속에서 빚어내는 모든 의미 있는 삶 그 자체가 기독교교육의 대상이다.

더군다나 그 내용뿐 아니라 다루는 방법 또한 기독교적인 교육이어야 한다. 그러므로 단순한 기독교에 대한 지식과 이해 이상의 개인적 헌신이 요구된다. 이 헌신은 순종과 실천을 의미한다. 이러한 헌신이 이루어질 때에만 진정한 의미에서 기독교교육이 이루어졌다고 할 수 있는 것이다.[1]

2 기독교교육의 정의 Definition of Christian Education

많은 기독교교육학자들이 기독교교육에 대한 정의를 내리려고 시도하였고[2] 그중에 매우 보편타당성을 가지고 있는 정의를 발견할 수도 있다. 그러한 여러 정의를 참조하고 종합하여서 다음과 같은 요소들을 발견할 수 있다.

즉 기독교교육은,

1. 복음 중심이어야 한다(Gospel Centered).
2. 성령의 감동에 의해야 한다(Holy Spirit Motivated).
3. 성서를 기초로 해야 한다(Bible Based).
4. 품성 변화를 목표로 한다(Character Transforming).
5. 전인적인 영역(영, 지, 체, 사회적)을 포함한다(Holistic in Scope – Spiritual, Mental, Physical, Social).
6. 여러 가지 다른 환경(교회, 가정, 학교)을 포함한다(Varied Settings – Church, Family, School).
7. 통합적 교육과정(신앙과 학문의 통합)을 제시해야 한다(Integrated in Curriculum – Faith and Learning Integration).
8. 예배 중심적이어야 한다(Worship Facilitating).
9. 선교 활동을 포함해야 한다(Outreach Incorporating).
10. 신앙의 전통유산을 뒷받침해야 한다(Heritage Sustaining).
11. 평생 교육을 지향한다(Life-long Duration).

이와 같이 기독교교육에 종사하는 사람들은 반드시 자신의 기독교교육에 대한 개인의 정의를 내려야만 한다. 개인의 기독교교육에 대한 정의가 확고하게 정립되어 있을 때에만 비로소 참다운 기독교교육에 헌신할 수 있게 될 것이기 때문이다.

3 기독교교육의 독특성

기독교교육이란 단순히 기독교에 교육학, 즉 세속적 방법론을 더한 것일까?

기독교 교육이 다른 교육과 구별되는 점은 과연 무엇일까? 기독교교사가 아닌 일반 교사는 전문적 기술자, 학문적 정보 전달자, 안내자, 훈련가 정도의 의미와 역할을 가지고 있다. 그러나 성서에 나타난 교사는 하나님 중심의 세계에서 생(生)의 의미에 대한 이해를 도우며, 하나님 뜻을 발견하고, 이행하도록 인도하기 위하여 하나님의 부르심을 받은 사람들이라고 부를 수 있다.

물론 교육(학습)의 일반적 원칙인 심리적, 사회적 영향, 동기유발, 학습자의 수준 고려 등은 기독교교육도 마찬가지이다. 그러나 기독교교육은 그 외에 무엇보다도 전적인 헌신(committment)을 요구한다. 이것은 교사와 학습자 모두에게 동시에 요구되는 것이다. 기독교교육의 궁극적 목적은 예수 그리스도에 대한 믿음과 헌신이다. 즉 하나님과의 올바른 관계에 도달하게 하는 것이다.[3]

요한복음20:31에는 요한이 복음서를 쓴 목적을 제시하고 있다. 즉 "그리스도를 믿게…… 그 이름으로 생명을 얻게" 하는 것이 바로 기독교교육의 목적이다. 기독교정보의 전달은 결코 목적이 아니라 수단에 불과하다. 기독교에 대한 지식은 기독교교육의 내용이며 결과일 뿐이다. 그것은 또한 사색적, 추상적 것이 아니라 실존적, 인격적인 것이다. 그러므로 기독교교육은 전인적 변화를 요구한다. 그렇다고 지성적, 이지적 요소를 배격하는 것은 아니다. 기독교육에도 단어, 개념, 은유, 교리적 신조, 역사적 자료 등이 필요하다. 그러나 단순한 지식 전달이 아닌 회개와 믿음, 하나님께 전적인 순종이 교사와 학생 모두에게 요구되는 것이 기독교교육의 독특성이다.

1) 독특한 인물에 중점을 둔 기독교교육

마가복음 3:14에 예수께서 "자기와 함께 있게 열 둘을 택하는" 장면이 나온다. 이것이 바로 제자훈련의 시작이다. 여기에서 예수는 선생이며 동시에 학습의 주제였다. 즉 예수는 말씀을 단순히 선포하는데 그친 것이 아니라 그 자신이 말씀 자체였다. "길, 진리, 생명"이라는 표현은 같이 진리를 추구하자는 초청이 아니고, 자신이 진리의 근원 자체임을 확실하게 드러내는 말씀이다. 그러므로 기독교교육의 중점은 예수 그리스도 자신이시다.

요한복음14:26에 성령이 임재하면 "모든 것을 가르치고…… 생각나게 하시리라."고 약속하였다. 이 약속은 당시 제자들에게 만이 아니라 2천년이 지난 오늘날에도 똑같은 진리의 약속이 되는 것이다.

2) 독특한 말씀에 근거한 기독교교육

신구약성서는 당연히 기독교신앙의 교과서이다. 예수는 수시로 구약을 인용하셨다. 사도 바울 또한 구약성서에 대한 해석에 많은 지면을 할애하였다.

유대교육의 궁극적인 목적은 율법의 교육적인 효력성을 지속하려는 것이었다. 즉 이스라엘의 참된 교육자는 하나님이시고 교육의 목표는 하나님의 뜻인 율법을 다음 세대에 전달하는 것이었다. 또한 그러한 시도는 율법의 지식을 통해서만 성취될 수 있는 것이었다(시110:9, 11, 24, 27, 29, 32, 36-37, 44-45, 59-61, 66, 104-105).

디모데후서3:16은 이러한 구약의 전승을 그리스도인이 이어받을 것을 제시하고 있다.

3) 독특한 문맥 속의 기독교교육

골로새서3:16-17은 신자 개개인의 삶과 기독교공동체의 집단생활 속에서 구현된 역동적인 말씀의 능력에 대하여 진술하고 있다. 즉 성육신(成肉身)하신 그리스도의 말씀이 그들 가운데 거한다는 것이다.

에베소서4:11-16에도 "…… 성도를 온전케 하며 …… 우리가 다 하나님의 아들을 믿는 것과 아는 일에 하나가 되어"라고 표현함으로써 전체 회중의 집단교육을 강조하고 있으며 그리스도의 몸과 지체로서 모든 신자는 서로에게 교사요 학습자의 역할을 동시에 하고 있음을 강조하고 있다.

4) 기독교교육과 교육이론

기독교교육은 단순히 종교적 주제를 근거로 해서 거기에 일반 교육방법론을 결합한 것이라고 생각하는 오류가 있다. 그것은 결코 사실이 아니다. 그러나 기독교교육과 일반교육과의 공통점은 물론 많이 있다. 성령은 지성(知性)을 무시하거나 거부하지 않는다.

교수방법에 본질적으로 기독교적인 것과 비기독교적인 것의 구분은 없다. 예수께서도 질문법을 많이 사용하셨고 교육 보조재료도 수시로 사용하셨다. 오늘날 문제는 교수이론보다는 학습이론이 더욱더 발달된 현실이다. 그러나 그것은 교수-학습 과정의 절반에 불과한 것이다.

제롬 브루너(Jerome Brunner)는 교수이론에 명시되어야 할 사항으로 다음의 것들을 제시하였다.[4]

1. 교수이론은 개인에게 학습하고자 하는 의욕을 효과적으로 심어주기 위해서는 어떤 경험이 필요한가를 밝혀주는 것이어야 한다.
2. 교수이론은 학생들로 하여금 지식을 가장 쉽게 파악할 수 있도록 하려면 그 지식을 어떻게 구조화해야 하는가를 밝혀주는 것이어야 한다.
3. 교수이론은 학습될 자료를 제시하는 가장 효과적인 계열을 제시할 수 있어야 한다.
4. 교수이론은 학습자들에게 제공될 내, 외적 보상의 균형을 어떻게 맞추어야 하는지에 대해 언급할 수 있어야 한다.

또한 기독교 교수이론의 필요성에 관련하여 다음과 같은 질문들에 대한 답변이 요구된다.

1. 기독교교육의 지식의 본질에 대한 한계는?
2. 기독교지식이 가장 효과적으로 이해되기 위하여 어떻게 구성되어야 하는가?

3. 기독교지식의 다양한 측면들이 어떤 순서로, 인격적, 영적 발달의 어떤 수준으로 학습자에게 제시되어야 하는가?
4. 교회교육에 있어서 학습의욕을 고취시키는 방안은?

이러한 질문들에 대하여 그리스도인 교사들은 심각한 고려를 통하여 올바른 답변을 제시할 수 있어야 할 것이다.[5]

4 기독교 유아교육의 정의

1) 일반적인 이해

기독교 유아교육에 대한 일반적인 이해는 유아 커리큘럼에 더하여 성경을 가르치는 정도의 교육이라고 생각하고 있다. 또는 일주일에 한두 번 유아교육기관에서 예배드리는 것 정도로 이해하고 있다.

그렇다면 학생들이 생각하는 개념은 무엇인가?

기독교 유아교육에 대한 올바른 정의와 개념을 확실하게 가져야만 진정한 의미의 기독교 유아교육자가 될 수 있다.

먼저 기독교교육이란 무엇인지에 대하여 정리해보자.

"기독교인 교사의 통제에 의한 기독교인을 위한 가르침과 배움의 과정으로써, 교사와 학생이 모두 성령에 의해서 통제되며, 모든 진리가 하나님의 진리와 함께 살아 있는 관계를 맺게 하는 것"[6]이라고 채드윅(Chadwick)은 정의하였다.

비이스(Vieth)는 "기독교 복음에 의해서 통제되며 그 복음에 직면해서 살아가는 교사에 의해서 이뤄지는 교육의 과정"[7]이라고 정의하였고, 주크(Zuck)는 "학생을 그리스도의 장성한 분량까지 이끌기 위해서, 성령의 역사를 통해서 학생들이 하나님의 말씀과 교통하도록 관계를 맺어주는 것"[8]이라고 정의하였다.

윌호이트(Wilhoit)는 학생들이 "기독교적인 세계관을 갖도록 이끌어주는 것이며, 이를 통해 학생들이 인생의 바른 의미를 깨닫도록 하는 것"[9]이라고 하였고, 브룸멜린(Brummelen)은 "그리스도의 책임있는 제자가 되도록 학생을 돕고 인도하는 것"[10]이라고 하였다.

그랜도르프(Graendorf)는 "학생들의 발달 정도에 맞추어서 현대적인 교육방법으로 학생들에게 하나님의 계획과 목적을 경험하고 알도록 가르치되, 그리스도를 통해 삶의 모든 영역에서 보다 효과적인 사역을 감당하도록 가르치는 것"[11]이라고 정의하였다.

2) 기독교 유아교육

그렇다면 기독교 유아교육은 어떻게 정의할 수 있을까?

"기독교 유아교육은 기독교적인 세계관을 가진 교사가 유아를 대상으로 실시하는 교육으로 유아들에게 하나님에 대해 알고 경험하게 해주며, 하나님을 따르는 자들의 생활이 어떠해야 하는지를 배워 내면화할 수 있도록 돕고, 하나님이 주신 자연세계를 잘 보호하기 위하여, 자연세계를 잘 알아야 하며, 하나님이 주신 재능과 소질을 발견하여 개발함으로써, 하나님과 이웃을 섬기며 자연을 잘 관리하도록 이끌어 주는 것이며, 이때 교사는 성령의 역사가 없이는 이 모든 것을 하나님과의 관계 속에서 깨달을 수 없음을 알아야 한다"라고 정의할 수 있다

여기서 여러분이 생각하는 기독교 유아교육이란 어떤 것

인가?

위의 여러 가지 정의 중 어떤 것이 가장 잘된 정의라고 생각되는가? 그리고 그 이유는 무엇인가?

3) 기독교 유아교육의 범위

앞에서도 언급한 것처럼 기독교 유아교육의 범위에 대한 오해가 존재한다. 즉 일반적인 교육과정+예배가 모든 것이라는 오해이다. 조금 더 하면, 교육과정+성경이야기 들려주기+간식 시간에 기도하기 정도로 생각할 수 있다.

또 하나의 치명적인 오해는 기독교 유아교육은 교회의 유아부 사역만을 포함한다는 인식이다.

참다운 기독교 유아교육의 범위는 교회교육+기독교학교+가정교육이어야만 한다.

교회는 성경의 가르침을 적용하는 것에 중점을 두는 곳이고,

기독교학교는 여러 과목들을 성경적 세계관의 관점에서 가르쳐야만 하며, 가정은 많이 소홀히 다뤄지고 있지만 사실상 가장 중요한 기독교교육의 장이다.

그러므로 기독교 유아교육의 범위는 일반 유아교육에서 다루는 모든 내용을 다 다루되, 기독교적인 안목을 가지고 해석해서 가르쳐야만 하는 것이다.

또 하나의 범위에 대한 오해는 성경을 가르치되, 여러 타 과목들에 더하여진 하나의 또 한 과목으로 간주하는 개념이다. 이것은 이원론에 근거한 개념으로, 즉 '일반 유아교육의 내용은 성스러운 것이 아니다'라는 인식에 근거를 두고 있다. 다른 과목 시간에는 기독교와 전혀 관계없이 진화론적인 세계관에 근

거해서 교육을 하고, 단지 성경시간에만 기독교와 연관을 짓는 교육은 치명적인 오류이다.

4) 기독교 유아교육의 목적

이비(Eavey)는 "사람들이 예수 그리스도를 구세주로 받아들이고 고백하도록 돕는 것"[12]이 바로 기독교교육의 목적이라고 하였다.

주이(Joy)는 "사람들이 개인적으로 예수그리스도를 구세주로 받아들이고 그 기독교 신앙 안에서 자기완성과 성숙을 도모하는 것이며, 기독교 가치관을 반영하는 행동을 할 수 있도록 돕는 것"[13]이라고 하였고, 와이코프(Wycoff)는 "사람들이 통합적인 삶을 살 수 있도록 도와주는 것이며, 사회적으로 깨어 있는, 그리고 하나님을 충실히 인식하는 삶을 살 수 있도록 이끌어주는 것"[14]이라고 하였다.

그렇다면 기독교 유아교육의 목적은 무엇일까?

하나님과 인간의 관계에 있어서 유아로 하여금 하나님은 창조주이시며, 구세주가 되심을 알고, 하나님을 믿고 따를 수 있도록 돕는 것이 바로 기독교 유아교육의 목적이다.

인간과 인간 사이의 관계에 있어서는 유아로 하여금 기독교적인 가치관을 내면화하며 자신의 능력을 계발할 수 있도록 돕고, 이를 통해 사회에 적응하며 이웃을 섬길 수 있도록 돕는 것이다.

인간과 자연의 관계는 창조세계를 잘 돌보고 즐길 수 있도록 돕는 것이다.

그렇게 하기 위하여 구체적인 목표들은 다음과 같다:

영적 발달을 통하여 유아로 하여금 하나님을 알고, 그리스도를 구세주로 받아들이도록 돕는 일이다.

인지적인 발달로 보면, 유아로 하여금 하나님의 형상을 따라 이성적으로 인식하고 사고할 수 있도록 부여받은 능력을 계발할 수 있도록 돕는 일이다.

신체적인 발달로는, 유아로 하여금 자신의 몸이 하나님의 성전임을 깨닫고(고전3:16) 잘 관리하도록 돕는 일이다.

사회적 발달로는, 유아로 하여금 하나님의 속성을 따라 부여받은, 옳고 그름을 판단하는 능력을 계발시킴으로써, 기독교 가치관을 확립하도록 돕는 일이다. 또한 유아가 속한 공동체에서 조화롭게 살도록 돕는다.

정서발달은 유아로 하여금 하나님의 형상을 따라 지은 자로서, 자존감을 가지도록 돕는 일이다.

주

1. 장종철 외, 72-74.
2. Thomas H. Groome은 기독교교육이라는 용어 대신에 '기독교 종교교육'이라는 용어를 사용하여 그 의미의 포괄성을 강조했다. 그는 종교교육을 "존재의 궁극적 기반에 대한 의식적인 관계가 증대되고 그 관계를 표현할 수 있게 되는 삶의 초월적 차원에 참여하는 활동"이라고 정의했다. 그에게 있어서는 모든 교육이 궁극적으로는 초월을 향한 추구이므로 바람직한 교육이라면 결국 모두가 종교교육인 셈이다. 종교교육이 기독교 공동체에 의해 이루어질 때 그것을 기독교교육, 기독교적 종교교육이라 하였다.

   Sherill은 기독교교육을 "기독교 공동체의 사업으로써 개인이 하나님과 교회와 사회와 자연계와 자기 자신과의 관계 수립에 있어서 어떤 변화를 일으키려는 데 기여하려는 사업"이라고 정의했다.

   Byrne는 기독교교육을 "그리스도에 대한 교육이며, 그리스도와 같은 성품과 행위를 가지게 하는 교육"이라 하였다.

   손승희는 "개인으로 하여금 기독교 신앙공동체의 하나님 나라에 대한 Vision에 참여하게 함으로써 현실생활에서 기독교적 가치체계와 신념체계에 준한 삶을 살 수 있도록 북돋아 주는 일로써 기독교 공동체가 행하는 계획적이고 체계적이며 의도적이고 지속적인 노력"이라 하였다.
3. 루시언 E. 콜만 II세, 박영철 역, 교육하는 교회(서울: 요단출판사, 1986), 57.
4. 김영봉 외, 교육학개론(서울: 서현사, 2009).
5. 콜만 II세, 58-69.
6. Ronald P. Chadwick, *Teaching and learning: An integrated approach to Christian education*(N.J.: Revell, 1982).
7. Paul H. Vieth, *The Church and Christian Education*(St, Louis: Bethany Press, 1947), 44.
8. 로이 주크, 성령 충만한 가르침(서울: 디모데, 2000).
9. 짐 윌호이트, 현대 기독교 교육(서울: 기독교 문서 선교회, 1991).
10. Harro Van Brummelen, 교실에서 하나님과 동행하십니까?(기학연 교육연구모임 역, IVP, 1996).
11. 베르너 그랜도르, 복음주의 기독교교육론(서울: 기독교문서선교회, 1992).
12. C. B. Eavey, *History of Christian Education*(Chicago: Moody Press, 1964), 11.
13. 스티븐 베너블, 도널드 죠이, 청소년 사역자를 위한 캠프 활용법(서울: 죠이선교회 출판부, 2001).
14. 캠블 와이코프, 기독교교육의 과제(서울: 대한기독교교육협회, 1991).

제3장

구약의 교육

1 신명기 중심으로

신명기 6장은 이스라엘의 교육헌장(교육명령)이다. 과거 우리나라에서도 1968년 당시 박정희 대통령의 국민교육헌장이 반포된 일이 있었다. "우리는 민족중흥의 역사적 사명을 띠고 이 땅에 태어났다. 조상의 빛난 얼을 오늘에 되살려 안으로 자주독립의 자세를 확립하고, 밖으로 인류공영에 이바지할 때다. 이에 우리의 나아갈 바를 밝혀 교육의 지표로 삼는다"로 시작되는 이 교육헌장을 전 국민이 외우도록 장려했었다.

이스라엘에게는 신명기 6장 4-9절이 바로 교육헌장이었다. 이 헌장의 특징에 대하여 다음과 같이 정리할 수 있다.

(1) 목표(Goal): 계명을 다음 세대에게 전달하는 일.

궁극적 목표는 "하나님에 대한 사랑 증진"이며 이것은 하나님에 대한 충성으로 표현된다. 이러한 목표는 "하나님을 사랑하라!(6:6), 순종(11:1-22; 30:20), 계명 준수(10:12; 11:1,22; 19:9)의 내용에서 계속적으로 표현되어 있다. 또한 청종하라(11:13; 30:16), 섬기라(10:12; 11:1, 13)는 명령도 반복된다. 여기서 사랑이란 전심(全心)의 순종(요14:15)을 의미한다.

(2) 교사(Teacher)

일차적으로는 부모이지만 궁극적으로는 하나님이다. 일차적이었던 가정교육이 점차 회당으로 옮겨진다. 신명기 6장의 일차적 초점은 무엇보다도 부모의 교육역할을 강조하는 것이고, 이것은 아직도 유효한 것이다. 그러므로 교회는 부모가 자녀를 올바로 교육할 수 있게 부모를 교육하는 곳이 되어야 한다.

(3) 교육내용(Content)

6:6 말씀, 계명, 명령, 규례, 법도(6:1)가 바로 교육내용이다. 이 모든 것은 전생(全生)에 걸쳐 관련되어 있는 것이다. 이 모든 가르침과 명령이 전생(全生)에 융합되어야 비로소 하나님의 백성으로 살 수 있는 것이다. 그러므로 이 말씀의 내용이 매 순간, 매일 매일의 경험이 되어야만 하는 것이다.

(4) 환경(Setting)

6:7-9 어떤 상황에서도, 전생(全生)에 걸쳐서, 비형식적 교육(Non-formal teaching)의 중요성을 보여주고 있다.

기독교교육의 나머지 역사(歷史)는 신명기 6장의 주제의 연장(expansion)일 뿐이다! 신명기6:4의 "오직 하나인 하나님"은 우선순위(priority)를 명백하게 제시하고 있다. 그 외의 모든 것은 이차적이고 부차적일 뿐이다. 이것은 전적이고, 전인적인 유일신 사상(Total, holistic monotheism)의 천명이다. 오직 한 분이신 하나님에게 흔들림이 없는 충성(undivided royalty)을 바치는 것이 인간의 본분이다. 오직 하나인 하나님(ONE LORD)은 전적인 헌신(Total commitment)을 요구하며, 또한 그렇게 요구할 권리를 갖고 있다. 이것은 오해하거나 곡해할 여지가 전혀 없는 분명한 메시지이다. 6:5의 "마음(will), 성품(soul), 힘(strength)을 다하여"는 인간의 내면의 모든 것(inner core)을 다 포함하는 포괄적인 것을 보여준다.

신명기6:20-25은 이스라엘 자손에게 가르쳐야 할 신앙 고백을 제시하고 있다. 그 테마는 "애굽에서 해방해 내신 하나님"이다. 31:11-13은 이러한 하나님의 구원에 대하여 "이스라엘로 듣게 …… 배우고 …… 지켜 행하게 …… 배우게 하라"고 명하고 있다. 8:5은 하나님께서 징계하고 연단하심을 보여주는데, 신명기는 인간의 역사현장이 바로 하나님의 훈련장임을 잘 나타내고 있다. 신명기에 나타난 구약의 교육목표는 개인의 인격함양, 또는 도야가 아니다. 그것은 하나님의 백성들의 공동체 형성과 그 백성의 역사(歷史)의 형성 속에 개입하시는 하나님의 역사(役事)를 다음 세대에 이르도록 가르치라는 명령인 것이다.

1) 구약의 교육의 특징

구약의 교육은 신앙공동체의 교육이었다. 출애굽기 12:21의 유월절 기사를 보면 가족중심의 절기임을 알 수 있다. 이 절기의 의식을 행하면서 사녀들은 '이 의식의 뜻은 무엇인지?'를 사연스럽게 질문하도록 장려된다. 바로 자녀들이 이러한 질문을 던질 때야말로 종교교육의 황금기회(Golden Chance of Religious Education)가 되는 것이다.

이러한 제사, 절기 등의 종교의식에 참여하면서 자녀들은 자연스럽게 유산전승의 기회를 가지게 되고, 공동체문화에 익숙하게 접촉하는 계기가 된다. 그렇게 함으로써 공동체의 삶의 방식과 스타일을 전승받고, 나아가서는 그 계승자가 되도록 가르침을 받는 것이다.

또 하나의 특징은, 역사를 통한 교육이라고 하겠다. 인간의 역사에 참여하시는 하나님, 역사의 주관자이신 하나님에 대하여 깊은 인식과 가르침을 받게 된다.

세 번째로는 언약관계를 들 수 있다. 신명기30:6의 할례, 30:11-16의 삶과 17절 이하의 죽음, 28장의 축복과 저주를 통하여 하나님과의 언약의 관계가 얼마나 엄숙하며, 그들의 길흉화복과 직접적인 관계를 있는지를 뼈저리게 느낄 수 있도록 하였다.

2) 구약의 교육의 이해를 통한 문제의식

인간이 인간을 교육한다는 것이 과연 가능한가라는 질문에 대하여 구약의 교육은 하나님과의 관계(신앙)를 전수하는 것이 가능하다고 답변하고 있다.

넓은 의미에서 구약시대 교육의 장은 역사였다. 이스라엘 어린이들의 교육의 장은 가정 → 회당, 율법학교였지만 넓게 볼 때 그들 교육의 장은 역사였다. 이 역사가 하나님의 뜻에 따라 어떻게 진행되어 왔고, 앞으로 어떻게 흐를 것이며, 여기에 어떻게 참여할 것인가를 가르치는 것이다. 즉 인간의 역사 밑바닥에 있는 하나님의 구속의 역사, 구원사를 알고 하나님의 역사현실 속에 참여토록 한 것이다. 하나님이 역사의 주인임을 깨우쳐 준 것이었다.

구약성경에서는 개인의 인격적인 함양 등이 민족의 교육목적이 되지 않았다. 그보다는 공동체의 형성, 역사의 형성이 교육의 중요한 목적으로 자리잡고 있다. 역사에의 참여자이자 형성자임을 지향하는 교육은 곧 구체적인 생활의 자리나 역사적 상황에서 그 신앙을 물으며, 검토하며, 해석해감으로써 가능하게 된다는 것이다. 신앙의 공동체를 장으로 하여 신앙으로 살아가는 일에 관해 계속 물음을 던지는 것이다. 나와 밀접히 계시는 하나님의 뜻을 찾아나가는 것, 거기서 우리를 비춰보고 나(자기), 이웃(타자), 세계, 역사에 대한 이해를 하나님의 뜻에 비추어 보는 것이 구약성경이 말하고 있는 교육의 목적이다.

둘째, 구약성경이 말하는 교육의 목적은 선과 악을 판단, 구분하는 것, 선을 택하고 악을 미워하고 살아가는 교육이다. 성경이 말하는 교육은 경쟁하여 이기는 교육이 아니다. 성경이 말하는 교육은 지식을 증가시키는 교육도 아니다. 시편 119:66에서 말하는 '명철'이란 올바른 판단능력을 말한다. 에스겔 44:23 등에서 말하는 것이 그 목적이다. 사회가 필요로 하는 사람은 올바른 역사관을 가지고 판단할 수 있는 능력, 일관성 있게 행동하는 사람이다.

셋째, 구약성경이 말하는 교육의 목적은 하나님을 경외하는 것이다(신명기31:12, 잠언1:7-8).

이스라엘의 지혜자들은 '하나님 경외'라는 원칙 하에 모든 생활강령을 예속시켰다. 그러므로 전도서의 결론을 이렇게 끝맺고 있다(전 12:13-14). 하나님을 경외한다는 것은 하나님을 두려워 한다는 뜻이다. 지식의 '근본'이라는 말은 지식의 근본뿌리, 출발, 시작, 또는 지식의 총괄/요약이라는 뜻이다. 다시 말하면, 하나님을 두려워하는 일부터 시작해야 우리의 지식이 올바른 지식이 되는 것이다. 여기서 두려움이란 우리를 초월하시는 하나님에 대하여 우리의 피조성을 깨닫는 마음의 상태이다.

이스라엘이라는 하나의 국가의 역사의식과 하나님의 교회의 역사의식의 차이점은 구약에 있어서는 뚜렷하게 나타나 있지 않다. 이스라엘의 역사가 곧 하나님의 백성의 역사이었기 때문이다.

교육은 그것이 행해지는 사회, 공동체의 문화, 생활양식, 사고양태, 가치관의 영향을 매우 크게 받는다. 구약의 교육은 의도적 교수-학습 외의 눈에 보이지 않는 잠재적 커리큘럼, 즉 위에 열거한 문화의 영향이 매우 긍정적이며 적극적인 역할을 했다고 볼 수 있고 그것이 바로 신명기를 중심으로 한 구약의 교육명령이 의도한 자연스러우면서도 결정적인 인격형성의 방법으로써의 교육의 역할이 이루어졌다고 할 수 있다.[1]

2 이스라엘의 교육

창세기는 에덴에서부터 가정교육이 시작되었음을 보여주고 있다. 즉 하나님이 최초의 교사이었고 아담은 하나님의 아들로서 가정학교가 이루어졌다.

구약시대에 교육의 중요한 장은 가정이었고 부모는 자녀들에게 가르칠 책임을 지니고 있었다. 히브리 민족의 종교교육에서 가장 두드러진 특징은 '가정중심의 교육'이었다는 점이다. 가정은 바로 하나님의 뜻을 아는 통로였다. 가정이라는 통로를 통해 자녀들이 하나님의 뜻을 알 수 있게 되고 그것이 그들의 삶에 결정적인 영향을 끼쳤다.

창세기의 부조시대에는 가정중심 교육이었고 전원교육이었다. 이스라엘 백성이 출애굽할 때는 부모부터 무지한 상태요, 율법의 교훈이 품성의 표준이 됨을 전혀 인식하고 못하고 있는 상태였다. 따라서 시내 광야에서 가나안에 들어가기 위한 준비 훈련기간이 필요하게 되었다. 특히 성소(출25:8)는 하나님이 그들 가운데 임재하시고 그들을 친히 인도하신다는 살아 있는 증거가 되었다.

하나님은 "여호와로라 여호와로라 자비롭고 은혜롭고 노하기를 더디하고 ……"라는 그분의 품성의 전형을 출애굽기 34:6에서 제시하셨다. 성소의 희생봉사는 죄의 용서와 하나님께 순종하는 것이 생명의 길이 됨을 가르치는 방법이었다.

광야학교는 실업학교이었고 백성들은 성막중심으로 조직을 갖추어서 진행하였다.

하나님은 그들에게 생활습관도 교육시켰다. 즉 위생규칙과 건강법칙이었다. 이것은 오늘날에도 그리스도인들뿐 아니라 온 인류가 지켜야 할 생활습관이요 건강법칙이다. 마치 유대인들만이 고유한 풍습으로 전통처럼 내려오는 습관으로 지키는 식생활과 그 밖의 위생법칙을 코셔(kosher)라고 오늘날에도 알려져 오고 있지만, 이것은 유대인들만을 위한 것이 아니라 현대병, 성인병을 예방하는 하늘에서 처방한 하나님의 건강법칙인 것이다. 광야에서는 노래교육도 이루어졌음을 출애굽기 15:21에서 보여주고 있다.

요컨대 하나님은 "모든 민족 위에 뛰어나게"(신26:19), 그리고 "만민이 두려워"(신28:10)하는 선택받은 민족으로 이스라엘을 이끄시려고 계획하셨다.

교육에 대한 지시로 주어진 신명기6:6,7의 쉐마는 이론이 아니라 스스로 원칙을 실천하도록 하는 명령이었고, 그 방법은 주입식이 아니라 흥미에 의한 동기유발이었다. 가정, 성소, 자연, 인공물, 노동, 제전 등을 통하여 하나님은 끊임없이 교육하셨다. 성물, 기념비, 규율, 예전, 상징, 절기, 제사제도 등의 모든 것이 교육에 동원되었다. 하나님이 이루신 기이한 일들을 기억함으로써 마음과 머리에 하나님의 사랑과 위대하심을 새기려고 온갖 방법을 다 쓰셨다.

축제(Celebration)와 제전(Feast) 등은 사교와 예배를 위하여 일년에 3번씩 반드시 예루살렘으로 여행하라는 제도와 더불어 교육에 이용되었다. 여행 도중 어른들은 경험담을 통하여 자녀들에게 하나님의 손길이 닿은 곳에 대하여 잊을 수 없는 교훈을 가르쳤다.

유월절은 밤집회, 허리띠, 신을 신고 손에 지팡이 든 사람들, 서둘러 먹는 식사 등을 통하여 깊은 인상을 심어주고 어린 양, 무교병, 쓴 나물, 피 뿌림, 죽음의 천사, 노예해방, 대행군, 홍해 건넘 등의 위대한 역사를 반추하는 절호의 기회였다. 몇 해 전에 우리나라에서도 '6.25 음식 먹기' 행사가 있었다. 전쟁을 모르는 세대가 대부분을 차지하는 요즘 젊은이들과 어린이들에게 과거 한국전쟁의 비참함을 극히 일부라도 맛보고 연상할 수 있도록 하는 좋은 기회였다고 믿어진다. 이러한 행사를 통하여 잊혀지는 과거 세대의 필생의 경험을 간접적으로 조금이라도 맛볼 수 있도록 해줌으로써 세대 간의 전승이 자연스럽게 이루어지도록 하는 것은 매우 중요한 일이다. 우리의 전통명절, 추석이나 설날도 점차 의미가 퇴색되고 젊은 세대에게는 거의 아무 의미가 없는 날이 되버리고 마는 세태 속에서 수천 년 동안 내려오는 유대인의 명절지킴은 시사하는 바가 크다.

초막절은 과수, 토지소산, 예물, 일주일 야영, 사교 모임, 거룩한 기념식 등으로 이루어진 일종의 야영회였다. 오늘날 우리 교회의 장막부흥회의 원형이라고 할 수도 있다.

일 년에 한 달을 이렇게 지냄으로써 생활의 노고에서 벗어나 교육을 위한 특별한 시간을 가졌다. 과연 교육의 백성이라고 해도 지나친 표현이 아니다.

안식년, 희년 제도는 연구, 사교, 예배, 자선 등 교육을 위한 시간이었다. 매주 안식일도 교육일이었다. 따라서 오늘날 우리가 유대인들의 모든 절기를 다 따라하지 않는다고 할지라도 매주 지키는 안식일만이라도 교육의 날의 의미를 살리는 것은 얼마나 요긴한 일인지 모르겠다. 일 년에 52회나 돌아오는 안식일을 그저 두어 시간의 예배만 보고 아무 하릴 없이 해지기만을 기다리는 날로 보낼 것이 아니라 참다운 교육이 이루어지는 교육의 날로 보낼 수 있도록 획기적인 프로그램과 계획이 시급이 요청된다.

이스라엘의 교육의 원칙과 방법은 하나님을 아는 지식과 연구와 노동을 통한 그분과의 교제였다. 교육의 목적은 하나님을 닮은 품성의 소유였다. 하나님→부모→자녀 전수가 자연스럽게 이루어지도록 마련되었다.

이스라엘은 축제(celebrating)의 백성이었다(신16:13-15). 그들은 즐길 줄 알았다. 어떻게 교제해야 하는지를 알았다. 함께 모여 파티하는 방법을 알았다. 서로 교제함으로 즐거움을 나누고 고독과 외로움으로부터 자유롭게 되는 비결을 알았다. 그들은 또한 축제(celebrating)할 때 먹는 특별한 음식을 가지고 있었다(신12장). 마치 우리 민속 명절의 음식처럼 그들은 하나님이 주신 건강식으로 축제를 더욱 빛나게 했다.[2]

탈무드에 나오는 "어떤 사람의 잔치하는 기념일의 종류와 의미를 알면 그 사람의 전부를 알 수 있다"는 격언은 그것을 체험해 본 사람들만이 이해할 수 있다.

3 신명기 6장의 쉐마에 나타난 교육원리

신명기 6장에는 이스라엘의 교육헌장이라고 부를 수 있는, 이스라엘 백성들이 날마다 외우며 신앙을 고백하는 신앙고백문이 나온다. 바로 4-9절에 나타나는 이 고백문을 이스라엘 백성들은 쉐마라고 부른다. '쉐마'는 '듣다'라는 의미를 가진 히브리어 동사 '솨마'의 명령형으로써 '들어라'는 뜻이다.[3] 이 용어는 신명기6:4-9의 시작인 '쉐마 이스라엘' 곧 '이스라엘아, 들어라'는 구절의 첫 단어에서 나왔다. 유대인들은 책이나 어느 구절의 제목으로 처음 나오는 단어를 사용하는 관습을 가지고 있는데, 그러므로 '쉐마'는 단순히 '들어라'는 뜻이라기보다는 신명기 6:4-9 전체를 가리키는 제목으로 이해할 수 있다.

지구상 다른 어떤 민족보다도 혹심한 고난의 연속으로 점철되어온 유대인들의 험난한 역사 속에서도 그들은 민족성을 상실하지 않고 끊임없이 민족적 정체성을 지켜왔다. 그뿐 아니라 오히려 그들은 어느 민족보다도 위대한 문화적 유산을 후대에 남겨놓은 민족으로 평가받고 있다. 이스라엘 건국의 지도자인 벤 구리온(Ben Gurion) 수상은 독립선언문에서 "유대민족은 방랑하면서도 정신적, 종교적, 민족적 일체성을 잃지 않았다. 이스라엘 민족은 독립을 달성하고 인류역사상 가장 의미 깊은 문화를 창조했다"[4]하였다. 이렇게 일체성을 잃지 않고 유지시켜 온 원동력이 바로 유대인들의 신앙교육이라고 할 수 있다.

이스라엘은 교육공동체였으며 히브리 민족교육의 원칙과 방법에서 그리스도인 교육의 역사적 원형을 찾을 수 있다. 그리스도인 교육의 나머지 역사(歷史)는 신명기 6장의 주제의 연장일 뿐이라고 할 수 있다. 신명기는 형식상 모세의 설교로 구성되어 있다. 첫번째 설교는 약속의 땅을 바라보며 요단강까지 도착하게 된 여정을 회상함과 동시에 장래에 대한 권면으로 구성되어 있다(1-4장). 신명기에서 가장 중요한 부분은 5-28장 부분인 두 번째 설교이다. 이 부분은 십계명을 중심으로 펼쳐지는 율법으로 구성되어 있다. 마지막 세 번째 설교는 29-32장 부분으로 결론부분에 해당한다.

쉐마(신6:4-9)는 두 번째 설교 가운데 십계명 바로 뒤에 나타나는 본문으로, 첫 번째 계명인 "나 외에 다른 신을 두지 말라"는 계명과 우상을 금지하는 두 번째 계명을 실천하는 구체적인 명령으로 등장하고 있다. 신명기에서 십계명이 중심이라면 쉐마는 십계명 가운데서도 핵심적인 계명의 실천을 강조하고 있다. 신명기6:20-25에는 이스라엘 자손에게 가르쳐야 할 신앙고백이 나오는데 그 주제는 애굽에서 해방해 내신 하나님이다. 신명기

31:11-13은 "이스라엘로 듣게 …… 배우고 …… 지켜 행하게 …… 배우게 하라"고 교육을 명하고 있다. 신명기8:5에는 하나님께서 징계, 연단하신다고 말씀하고 있다. 신명기는 전체적으로 인간의 역사현장은 하나님의 훈련장임을 가르치고 있다.

이스라엘 사람들이 쉐마를 얼마나 중요하게 여기는지는 그들의 자녀 교육을 보면 알 수 있다. 유대인은 누구나 잠들기 전에 쉐마를 외운다고 하며, 유대인 어머니는 자녀들이 잠들기 전에 쉐마 기도를 외우게 한다고 한다.[5] 유대인 남자들은 신명기6:7에 근거하여 매일 두 차례씩 쉐마 내용을 암송하였는데, 이것은 유대인 남자들에게 부여된 최소한도의 종교적 요구라고 한다. 유대인의 관습을 살펴보면, 아이가 말을 하기 시작할 때 맨 처음 외우도록 가르치는 말씀이 바로 쉐마와 신명기 33장 4절의 말씀이다. 또한 쉐마는 순교자들의 마지막 고백이었다는 사실은 사람이 죽음을 맞이하는 마지막 순간까지 최후로 남길 신앙고백으로 쉐마를 암송케 하였다는 것을 보여준다.[6] 요컨대 유대인의 일생은 쉐마에서 시작해서 쉐마로 끝난다고 하겠다.

쉐마는 유대인의 성경적 자녀교육의 대명사라고 할 수 있다. 유대인의 평생 삶의 목적이 자녀에게 쉐마를 가르치는 것이라고 해도 과언이 아니다. 신명기 6장의 쉐마에 나타난 교육의 원리를 살펴보고 이것을 토대로 그리스도인 교육에 적용할 수 있는 방법론을 찾아보도록 하자.

1) 쉐마의 내용과 구조

쉐마는 신명기6:4-25 가운데 일부분이다. 이 부분은, A(4-9절), B(10-15절), C(16-19절), D(20-25절) 등으로 구분할 수 있는데, 그 구조를 살펴보면 교차대구적 구조(Chiastic Structure)가 있음을 발견할 수 있다. 즉 4-9절과 마지막 부분인 20-25절은 하나님의 말씀을 교훈하며 자녀들을 교육하는 일에 대해서 이야기하고 있고, 10-15절과 16-19절 부분은 하나님을 잊어버리지 말라고 경고하며 하나님의 능력에 대하여 강조한 부분들이다. 이러한 구조를 통해 발견할 수 있는 것은 쉐마 부분이 자녀교육에 대하여 크게 강조한 부분이라는 사실이다.

쉐마의 특이한 점은 기도문같이 하나님께 아뢰는 형식으로 시작하지 않고 명령형으로 시작한다는 점이다. "이스라엘아 들으라 우리 하나님 여호와는 오직 하나인 여호와시니"(신6:4). 유일하신 하나님에 대한 신앙고백이다. 전적이고 전인적인 유일신 사상이다. 나누임이 없는 충성을 요구한다. 이것은 우선순위를 분명히 한다. 하나님에 대한 충성 외의 모든 것은 이차적일 뿐이다. 하나뿐인 하나님은 전적인 헌신을 요구하신다. 오해할 여지가 전혀 없는 말씀이다.

이 모세의 명령을 율법과 선지자의 핵심이라고 예수께서도 마 22:37-38에서 강조하였다. "예수께서 가라사대, 네 마음을 다하고 목숨을 다하고 뜻을 다하여 주 너의 하나님을 사랑하라 하셨으니, 이것이 크고 첫째되는 계명이요……" 예수께서 율법과 선지자의 대강령 가운데 첫째되는 계명이라고 지적한 "하나님을 사랑하라"는 내용은 신명기 6장 5절에 나타나 있다. "너는 마음을 다하고 성품을 다하고 힘을 다하여 네 하나님 여호와를 사랑하라". 여기에서 마음을 의미하는 히브리어 '레브'는 사람의 감정과 의지의 중심(inner core)으로서 의지적 차원(will)을 보여주며, 성품에 해당되는 '네페쉬'는 인간의 존재 자체로서의 총체적 인격(soul)을 의미하고, 힘에 해당되는 '므옷'은 정신적 힘 뿐 아니라 육체적인 힘(strength)을 포함한 최선을 의미한다[7]고 할 수 있다.

쉐마의 내용을 살펴보면, 먼저 일차적인 목표는 계명을 다음 세대에 전달하는 것이었다. 궁극적인 목표는 하나님에 대한 사랑 증진이며, 그것은 하나님에 대한 충성으로 표현된다. 신명기는 계속해서 "하나님을 사랑하라"(6:6), "순종하라"(11:1-22; 30:20), "계명을 준수하라"(10:12; 11:1,22; 19:9), "청종하라"(11:13; 30:16), "섬기라"(10:12; 11:1,13)고 반복하고 있다. 즉 사랑은 전심(全心)의 순종(요14:15)으로 표현된다는 것이다.

쉐마는 일차적인 교사로 부모를 지적하고, 궁극적으로는 하나님임을 가르친다. 유대교육은 가정교육에서부터 시작해서 점차 회당중심 교육으로 변천했다. 쉐마의 일차적 초점은 부모의 교육역할을 강조하는데 있는데, 이 원칙은 그리스도인 교육에 있어서도 유효하다. 현대교회는 부모가 가정교육을 올바로 할 수 있게 부모를 교육하는 곳이어야 한다.

쉐마에 나타난 교육내용은 6:6에 나오는 말씀, 즉 다른 표현으로는 계명, 명령, 규례, 법도(6:1) 등이다. 이러한 말씀은 한 인간의 전생(全生)에 영향을 미치는 것이어야 한다. 즉 그의 전생애에 융합되어져서, 매일 매 순간의 경험으로 나타나야 한다. 그것이 바로 "이 말씀을 마음에 새기"는 경험이다.

쉐마의 환경은 6:7-9에 나오는 어떤 상황에서도, 모든 시간과 장소를 막론하여 비형식적 교육이 되도록 하라는 것이다. "네 자녀에게 부지런히 가르치며 집에 앉았을 때에든지 길에 행할 때에든지 누웠을 때에든지 일어날 때에든지 이 말씀을 강론할 것이며 너는 또 그것을 네 손목에 매어 기호를 삼으며 네 미간에 붙여 표를 삼고 또 네 집 문설주와 바깥 문에 기록할지니라".

쉐마의 구조를 보면 먼저 청중인 이스라엘 백성을 주목하도록 외치면서 신앙의 핵심인 여호와 하나님에 대해서 고백한다. 여호와는 우리의 하나님이라는 선언 속에 여호와와의 관계를 정립하고 여호와는 한 분이시라는 선언 속에 절대자이며 유일하신 하나님의 위상을 고백하는 것이다. 이러한 하나님께 대해서 우리는 그 분을 사랑하는 것이 마땅하며 특히 자녀에게 가르치는 것이 중요함을 강조하고 있다. 마지막에는 이 말씀을 드러나게 표시하여야 하는데 자신의 신체에 그리고 가정의 대문에 더 나아가서 마을의 입구에 기록하기를 명령하고 있다.

2) 쉐마에 나타난 교육원리

쉐마는 일차적으로 부모에게 주어진 의무를 규정하고 있다. 신명기 6장 6절부터 9절까지는 부모가 해야 할 일을 네 가지로 명하는데, 그것은 "마음에 새기라", "부지런히 가르치라", "강론하라", "기록하라"로 요약할 수 있다.

이 네 가지를 통하여 오늘날 그리스도인 교육에도 적용할 수 있는 교육원리를 찾아볼 수 있다.

(1) 마음에 새기라

여기 마음은 5절에도 나오는 히브리어 '레브'와 같은 것으로 사람의 중심(inner core)으로써 의지적 차원(will)을 표현한 단어이다. "마음에 새긴다"는 것은 말씀을 머리로만 이해하는 이지적 자세가 아니라 삶 속에서 직접 실천하는 자세 곧 경험적 이해에 근거하여 인격적으로 말씀에 응답하는 자세를 의미한다. 이 말씀은 예레미야가 "…… 이스라엘 집에 세울 언약은 이러하니 곧 내가 나의 법을 그들의 속에 두며 그 마음에 기록하여 나는 그들의 하나님이 되고 그들은 내 백성이 될 것이라"(31:33)고 예언한 것을 연상시킨다. 즉 순종은 형식적이고 율법적인 문제가 아니라 깊은 이해로부터 우러나오는 것이며, 하나님의 말씀을 묵상함과 계명의 길을 따라가는 생애의 실천을 통하여 사람은 자신의 중심 속에 새겨져 있는 하나님의 원칙을 묵묵히 증거한다는 것을 보여주고 있다.

유대인들이 이 명령에 의거하여 쉐마를 암기하고 명상하는 것처럼 그리스도인들도 하나님의 말씀을 묵상하고 기억하고, 말씀의 생활화를 이룰 수 있다.

(2) 반복교육의 중요성: "가르쳐라"

여기에서 '가르치다'에 해당되는 히브리어 동사(솨난)의 기본어에는 두 가지 의미가 있는데, 즉 '갈다, 날카롭게 하다'와 '반복하다'이다. 이 용어는 '날카롭다(sharp)' 4번, '연마하다(whet)' 2번, '갈다(sharpen)' 1번, '찌르다(prick)' 1번, '부지런히 가르치다(teach diligently)'는 뜻으로 1번 사용되었다. 신32:41; 시64:3; 140:3; 잠25:18 등에 '날카로운, 또는 연마하다'는 뜻으로 사용되었다. 두 가지 의미 가운데 전자의 의미는 내면적 차원의 가르침의 의미를 보여주는 것이라고 한다면, 후자의 경우는 외형적 차원에서의 가르침을 의미한다. 즉 하나님의 말씀을 반복적으로 가르치되 그 의미를 늘 날카롭게 연마해야 한다는 것이다.[8]

'가르치다'는 용어에 포함된 이 두 가지 의미는 상호보완적인 관계를 가지고 있다. 중요한 내용을 반복하여 숙달하는 것이 유대인 교육의 특징이다. 유대인은 반복 숙달하도록 가르치는 것이다. 그러나 교육이 반복에만 머물게 되면 내용의 중요성을 상실하기 싶다. 반복하되 그 내용을 적절하게 적용하는 예리함이 있어야 하는 것이다. 자녀들을 부지런히 가르치되 칼을 날카롭게 연마하여 준비하듯이, 그 칼이 정곡을 찌르듯이 그렇게 가르치라는 의미로 이해할 수 있다.

(3) 일상적 삶으로써의 무의도적 교육: "강론하라" (다바르)

'강론하다'라는 의미로 사용된 히브리어 동사 '다바르'의 원래 의미는 '광야에서 양 떼를 인도하다'라는 뜻도 포함하고 있다. 양이 광야에서 양 떼를 인도하는 목자의 지시를 거부하고 자기 마음대로 가는 것은 곧 광야에서의 죽음을 뜻한다. 마찬가지로 부모들이 가르치는 하나님의 말씀은 절대적인 진리를 포함한 말씀이며 자녀들의 삶과 죽음을 갈라놓을 만큼 결정적인 중요성을 지니고 있다는 의미를 함축하고 있다.

이 동사는 또한 어떤 규격을 갖춘 분위기에서의 강론이 아니라 평범한 일상적인 삶 속에서 나누는 대화를 의미한다. 매일의 생활 속에서 자연스럽게 이루어지는 일종의 무의도적, 비형식적 신앙교육을 의미하고 있다. 그러므로 교육의 장소는 '집안에 앉았을 때에든지 길에 행할 때에든지'이며, 교육하는 시간은 '누웠을 때에든지 일어날 때에든지'이다. 다시 말하여, 신앙교육은 시간과 공간을 초월하여 삶의 전 영역에서 이루어져야 하며, 더 나아가 신앙을 가르치는 교육이 삶의 가장 중심부에 위치해야만 한다는 것이다. 유대인들의 사상에는 성(聖)과 속(俗)이 구별되지 아니한다. 즉 신앙이 삶의 여러 부문 중의 하나가 아니라 매일 매 순간, 일생에 걸쳐서 모든 삶의 영역이 신앙과 직결되어 있다는 것이다.

(4) 문설주와 바깥문에 "기록하라"

문설주는 출애굽 당시에 유월절 희생양의 피를 바른 "문 좌우 설주와 인방"(출12:7)에 나오는 바로 그 장소이다. '메주자(Mezuzah)'라는 히브리어의 본래 의미는 '문(door)'과 '문설주(door-post)'이었는데 이것이 하나의 의식으로 정착하면서 집집마다 문설주에 부착하는 조그만 양피지를 뜻하게 되었다.

이 양피지에는 쉐마의 내용을 손으로 직접 기록해서 동그랗게 말아서, 이 양피지를 나무나 금속으로 만든 통에 넣어 부착시키면서 그러한 통 전체를 지칭하는 명칭이 되었다고 한다. 메주자를 부착하는 위치는 입구에서 볼 때 문의 오른편이고, 집을 드나드는 사람들이 쉽게 발견할 수 있도록 사람의 평균 눈높이

| 메주자(Mezuzah) |

정도에 부착하였다고 한다.

오늘날에도 이스라엘에서는 집집마다 메주자를 입구에 붙여 놓아야만 하고, 집안에서도 화장실이나 창고, 그리고 헛간 등을 제외한 모든 방문마다 부착해야 한다고 한다. 유대인들은 집을 들어오고 나갈 때마다, 이렇게 문 옆에 달려 있는 메주자를 손을 만지고 그 손을 다시 입맞춤하는 관습을 지켜오고 있다. 이것은 그들이 하나님의 말씀을 사랑하며 순종하겠다는 표시이다. 유대교의 규정에 따르면, 7년에 적어도 두 번씩은 정기적으로 메주자를 섬섬하여 상자 안의 양피지에 석힌 글사를 읽을 수 있는가 확인해야 한다. 만일 집을 팔거나 세를 놓게 되면, 다른 것은 다 주인이 가져 갈 수가 있지만 메주자만큼은 반드시 집에 이사들어 올 다음 사람을 위하여 남겨 놓아야 한다. 개인 집 이외에도 사람들이 많이 출입하는 회당이나 정부의 관공서 건물에도 메주자를 달아야 한다.

메주자 풍습을 신앙교육과 연결시켜볼 때 중요한 의미를 찾을 수 있다. 즉 모든 유대인들은 자신들이 살고 있는 집을 매일 드나들면서 문설주에 달려 있는 메주자를 통해 하나님에게 자신들의 사랑을 고백하는 기회를 찾게 된다. 그러한 삶 속에서 자연스럽게 이루어지는 신앙고백은 결과적으로 그들의 신앙을 강화시키는 역할을 하게 된다. 그래서 탈무드에 보면 한 랍비는, 문설주의 메주자는 온 가정과 유대인들로 하여금 죄를 짓지 않도록 지켜주는 신비로운 힘을 지니고 있다고 기록하였다[9]고 한다.

3) 쉐마에 나타난 교육과정

(1) 교육과정의 원리

쉐마에는 그리스도인 교육을 위한 교육과정의 원리를 발견할 수 있는데 그것은 다음과 같다. 교육과정의 초점(focus)은 4절에 나오는데, 하나님이 모든 교육 프로그램의 중심이라는 것이다. 그리스도는 교육과정의 필수가 된다. 교육과정의 배경(context)은 5절의 사랑이 첫 번째 배경 요건이 된다고 말하고 있다. 교육과정의 범위(scope)는 5절의 종합적이고 전인적인 범위인 "마음, 성품, 힘", 즉 지(知), 영(靈), 체(體)의 삼육(三育)이 그 범위를 이루고 있다. 교육과정의 원천(source)은 6절의 하나님의 말씀이 내면화된 교사이다. 자신이 갖고 있지 않은 것을 나누어 줄 수 없다. 교사는 먼저 자신이 말씀을 실천해야 한다. 교육과정의 전개(process)는 7절의 "부지런히 가르치며"인데 이것은 노력, 인내, 탁월성을 요구한다. 교육과정의 환경(settings)은 7절의 "집에 앉았을 때에든지"와 "길에 행할 때에든지"는 교실(이론)과 생활경험(실제)의 장소인데, 이 두 가지는 서로 연결되고 상호보완되어야 한다. "누웠을 때에든지"와 "일어날 때에든지"는 하루의 시작과 끝으로 시간을 의미하며 바로 시작과 끝 시간이 교육을 위한 최선의 시간이라는 뜻이다. 교육과정의 차원(dimensions)은 8, 9절의 "손목에 매어"를 통하여 행동, 육체적 발달과 "미간에 붙여"는 생각, 즉 지성적 발달을 의미하고, "문설주에 기록"은 그 가정의 믿음, 즉 영적 발달을, "바깥 문에 기록"은 그 가정의 결혼, 출생, 매매 등을 대외적으로 알리기 위하여 광고를 붙인다는 뜻으로 선교, 즉 사회적 발달을 상징한다.

전인적인 교육과정으로써 신명기 6장 8, 9절을 살펴보면 "손목에 매어"는 체(體)적인 면, "미간에 붙여"는 지(知)적인 면, "네 집 문설주"는 영(靈)적인 면, "바깥 문"은 사회(社會)적인 면이라고 할 수 있다.

이것을 누가복음 2장 52절의 "예수는 그 지혜와 그 키가 자라가며 하나님과 사람에게 더 사랑스러워 가시더라"는 예수의 어린 시절에 대한 기록과 비교해 보면, 즉 지혜는 지(知)적인 면, 키는 체(體)적인 면, 하나님 사랑은 영(靈)적인 면, 사람 사랑은 사회(社會)적인 면이라 할 수 있다.

엘렌 화잇은 예수의 교육에 대하여 "그분께서는 하나님께서 지정해 주신 자료들을 통해 교육을 받으셨다. 유용한 일, 성경공부, 천연계, 인생경험, 다시 말해 스스로 손을 내밀고 눈을 떠서 이해하려고 하는 사람은 누구든지 충분한 교훈을 얻을 수 있는 하나님의 교과서들을 통해 직접 배우신 것이다"[10]라고 기록하였다. 역시 여기서도 유용한 일은 체적인 면, 성경 공부는 영적인 면, 천연계는 지적인 면, 인생 경험은 사회적인 면이라고 할 수 있다. 이 세 가지 구절에 나타난 교육과정을 종합적으로 나타내 보이면 다음과 같다.

	영(靈)	지(知)	체(體)	사회(社會)
누가2:52	하나님께 사랑	지혜	키	사람에게 사랑
쉐마	문설주에 기록	미간에 붙여	손목에 매어	바깥문에 기록
교육69	성경공부	천연계	유용한 일	인생경험
차원	Heart(마음)	Head(머리)	Hand(손)	Humanity(인류)

(2) 네 가지 교육과정과 쉐마교육

❶ 천연계

삼라만상이 하나님에 대하여 증거하는데 그 천연계를 유지하는 똑같은 능력이 사람 속에서도 작용하고 있다. 천연계의 교훈을 옳게 받아들이는 자들에게는 삼라만상이 빛을 발하고, 세계는 교과서요 인생은 학교가 되며, 보이지 않는 것이 보이는 것으로 인해 명백해진다.[11]

그러므로 가능한 한 어린이들을 어려서부터 이 하나님이 만드신 교과서 안에 두도록 해야 한다. 어린이로 하여금 하나님이 하신 일을 통하여 창조주를 배우게 해야 하는데 "참된 교육의 기초를 매우 견고하고 확실하게 쌓는 데는 이 방법밖에 없다."[12]

이스라엘에서는 현대에도 천연계 가운데로 어린이들을 데리고 가서 자연학습을 시키는 것을 중요시한다. 이스라엘의 학교에서는 하루에 한 번씩 반드시 야외에서 수업을 한다고 한다. 아이들이 천연계 속에서 "자연의 섭리와 생명의 중요성"을 배우고 느끼도록 교육한다.[13]

천연계에는 속임수가 있을 수 없으며 인과응보의 법칙이 지배한다. 악이 성공하는 것처럼 보이지만 필경에는 그 결과를 거둔다. 자기희생의 법칙이 자기보존의 법칙이며 자아만족은 자기 파멸의 길이다.[14]

하나님이 하시는 일은 작은 것이나 큰 것이나를 막론하고 모두 완전하다. 우주 공간의 크나큰 세계를 운행하시는 하나님의 손은 이름 모를 들꽃 또한 아름답게 가꾸시는 손인 것이다. 길가에 핀 가장 작고 흔한 꽃을 현미경으로 조사하면 그 각 부분의 정교한 아름다움과 완전함에 놀랄 수밖에 없다. 마찬가지로,

아무리 미천한 일에 종사하는 사람이라도 자신의 일에 충실하고 하나님께 충성할 때 참된 미덕을 찾을 수 있으며, 하나님이 귀하게 보시는 것이다.[15]

삼라만상은 하나님의 뜻의 표현이며 그것을 창조주의 계시로 바라보는 사람만이 그 숨어 있는 의미를 분명히 깨달을 수 있다. 우리가 필요로 하는 것들과 행복의 요소들을 위하여 천연계의 모든 것이 놀랄 만큼 알맞게 지어져 있다는 사실을 깨닫도록 가르쳐야 한다. 성경에는 천연계로부터 많은 실례를 인용한 것을 볼 수 있다. 우리는 천연계와 하나님의 말씀을 비교해서 연구할 때 그 안에 담긴 교훈을 더욱 깊이 이해할 수 있다. "그러므로 천연계는 하나님의 말씀의 보고를 여는 열쇠가 된다"[16]고 결론 지을 수 있다.

따라서 성경의 교훈을 천연계에서 발견하고 천연계로부터 인용한 비유를 성경에서 찾을 수 있도록 학생들을 교육해야 한다.

천연계는 "하나님이 창조하신 작품으로 채워진 큰 도서관"[17]이라고 할 수 있다. 예수는 어린 시절에 세상의 부정한 방법들을 통해서보다는 천연계로부터 학문적 지식을 얻으려고 하였다. 그는 식물과 동물과 인간의 생명에 대하여 연구하였다. "그는 보이는 사물에서부터 하나님의 말씀을 소개할 수 있는 예증들을 끌어내시려고 끊임없이 노력하였다."[18]

어떤 아이든지 예수께서 지식을 얻으셨던 그러한 방법으로 지식을 얻을 수가 있다고 화잇은 주장한다.

페스탈로치도 생태유아교육을 주장하였다.

"아이들을 자연으로 내보내라. 언덕 위와 들에서 아이들을 가르쳐라. 그곳에서 아이들은 더욱 좋은 소리를 들을 것이고, 그때 가진 자유의 느낌은 아이들에게 어려움을 극복할 수 있는 힘을 줄 것이다. 그리고 이런 자유시간에 아이들은 당신에 의해서보다는 오히려 자연에 의해 배울 수 있도록 하라. 아이들로 하여금 자연이 바로 진정한 교사라는 것과 당신은 그저 자연을 조용히 산보하는 사람에 지나지 않음을 깨닫게 하라. 아이들이 걸음을 멈추면 바로 그때 새의 지저귐이나 나뭇잎 위의 곤충의 노래를 듣게 될 것이다. 나무와 새와 곤충이 아이들을 가르치게 될 때 당신은 조용히 있도록 하라."[19]

❷ 인생 경험

예수의 비유를 보면 그는 일상의 환경으로부터 영적 교훈을 수집하기를 즐겨하였다는 것을 알 수 있다. 공중의 새, 들의 백합화, 씨를 뿌리는 자와 씨, 목자와 양 등 불멸의 진리를 설명하는 비유들은 매일의 생활에서 일어나는 일들을 통하여, 즉 청중이 잘 아는 실제적인 경험에서 우러나온 것들이다. 누룩, 감추인 보물, 진주, 고기 잡는 그물, 잃어버린 은전, 탕자, 바위 위와 모래 위에 세운 집 같은 실례도 마찬가지이다. 이와 같이 모든 피조물과 모든 생활 경험에서 교훈을 배워서, 천연계의 사물과 생활상의 일과를 지배하는 법칙에 의하여 사람도 지배를 받아야 한다는 교훈을 배울 것이며, 또 이 법칙들은 우리의 행복을 위하여 주어진 것이고, 이것을 순종할 때에만 참된 행복과 성공을 찾을 수 있다는 사실을 가르쳐야 한다[20]고 강조하고 있다.

특별히 예수의 어린 시절 인생경험에 대하여 귀중한 교훈을 제시하고 있다. "그는 높은 지위를 원하시거나 높은 칭호를 받지도 않으셨다. 그의 조용하고 단순한 생활, 그리고 그의 유년시절에 관하여 성경이 침묵을 지키고 있는 것까지도 중요한 교훈을 가르쳐 준다. 아이의 생애는 조용하고 단순할수록 곧 인위적인 흥분에서 떠나고 자연에 조화될수록 심신의 활력과 영적 능력에 더 유리하다."[21]고 말하고 있다.

예수는 우리의 모본이 되는 것이 분명한데, 예수의 유년생애의 교훈에 대하여, 30년이나 지속된 그의 나사렛 생애에 대하여는 전혀 관심을 돌리지 않고 3년 반에 불과한 그의 공생애 기간에 대하여만 열을 올리는 사람들이 많이 있지만 "그가 모든 유년들과 청소년들의 모본이 되신 곳은 바로 그의 가정생활에서였다."[22] 이 세상에서의 그의 사업의 시작은 매일 일용할 양식을 구하기 위하여 수고하는 노동자의 천한 노동을 귀한 것으로 만드는 일이었으며, 그가 목수대에서 나무를 깎는 일을 하고 있을 때나 후일에 많은 군중을 위하여 놀라운 이적을 행하던 때나 여전히 그는 하나님의 사업을 이루고 있었다는 사실은 놀라운 것이다. 그의 생애는 3년 반이 모든 것이 아니었다는 말씀이다. 그 위대한 3년 반이 있도록 하기 위해서는 30년이라는 은둔의 준비기간이 필요하였는데 그 기간 동안에도 그는 여전히 하나님의 지정된 사업에 종사하고 있었으며 그 중요성에 있어서 후에 수많은 군중들에 둘러싸여 이적을 베푼 것이나, 나사렛에서 나무를 다듬고 있을 때에나 똑같은 의미를 가지고 있다는 것이다. 그러므로 하나님이 성령을 통하여 나사렛 예수에 대하여, "내가 붙드는 나의 종, 내 마음에 기뻐하는 나의 택한 사람을 보라."(사42:1)고 하신 말씀은 그의 모본을 따라 평범한 가정에서 매일의 의무를 위하여 묵묵히 노력하는 모든 청년에게도 그대로 적용된다고 주장할 수 있는 것이다.

그러므로 일상의 여러 가지 일들의 경험을 통하여 하나님의 교훈을 알도록 자녀들을 가르쳐야 한다는 것은 바로 쉐마 교육의 정신이라고 할 수 있다. 유대인 부모들은 자녀들에게 독립심을 길러주기 위하여 스스로 자기의 모든 일을 해결해나갈 수 있도록 일부러 역경을 만나게 한다. 자녀를 온실의 화초처럼 키우는 일은 결코 없다고 한다. 자녀들도 그 사실을 알고 자신의 일을 누구에게 미루거나 곤란을 피하려고 하지 않는다.[23] 인생의 온갖 풍상을 헤쳐나갈 수 있는 지혜와 능력을 어려서부터 길러주는 일이 그리스도인 교육에도 꼭 필요하다.

❸ 유용한 일

예수의 유년과 청소년 시대에 유용한 일을 통하여 심신이 계발되었으며 노동은 신성한 것임을 몸소 실천으로 보여주었음을 기록하고 있다. "그는 품성이 완전하였던 것처럼 일꾼으로서도 완전하였다"[24]고 한다. 오늘날 노동을 천하게 여기는 경향이 편만해 있고 될 수 있으면 육체 노동을 피하기 위하여 온갖 편리한 문명의 도구들을 개발하는 것이 당연하게 여겨지지만 하나님은 원래 노동을 축복으로 지정하였고 오직 부지런히 일하는 사람들만이 인생의 참된 축복과 기쁨을 발견하고 삶의 의미를 찾는다고 할 수 있다.

많은 사람이 무기력하고 일에 전혀 익숙하지 못한 까닭은 수고와 책임과 훈련을 회피하려고 하기 때문이다. 대부분의 사람들은 난관에 봉착하거나 곤경을 극복하여야 할 때에는 너무 연약하고 거의 아무것도 하지 못한다. 그러한 사람들은 "그리스도께서 나타내신 과단성과 정력, 품성의 견고함과 능력이 그가 견디신 것과 같은 훈련을 통하여"[25] 난관과 역경을 헤쳐나가서 마침내는 모든 것을 이기고 목적을 성취하는 훈련을 받아야 한다.

예수께서 받으셨던 은혜는 우리를 위하여도 하나님이 준비하신 것이다.

같은 장에서는 또한 예수의 일하는 비결에 대하여 말하면서, 오늘날 그리스도인들이 자주 경험하는 일터의 현장에서 하나님과의 교제 경험의 부족에 대하여 정확한 진단을 내린다. “예수께서는 당신의 일을 즐겁고 재치 있게 행하셨다. 성경에 기초를 둔 신앙을 가정생활과 일터에서 응용하고, 세상의 사업에 힘을 기울이면서도 오직 일편단심 하나님의 영광만을 염두에 두는 것은 많은 인내와 영성이 요구되는 것이다. 그리스도께서 돕는 자가 되신 것은 바로 이러한 환경에 있을 때이다. 그는 결코 하늘 사물을 생각하실 시간이 없으리만큼 세상의 관심사에 몰두하지는 않으셨다.”[26]

이어서 예수는 자주 음성을 높여서 시와 하늘의 노래를 부름으로 마음속에 있는 기쁨을 표현하였으며 노래로써 하늘과의 교통을 유지하였다고 기록했다. 이 사실은 예수가 매일의 바쁜 일과 가운데서 어떻게 성령 안에서 무시로 기도할 수 있었는가 하는 의문에 대한 답변이 된다. 그리스도인들도 어떤 일에 종사하든지에 관계없이 마음속으로 혹은 소리를 내어 하나님을 찬미하는 일을 통하여 끊임없이 하나님과 교통하는 일이 가능함을 보여준다. 이것은 또한 시공을 초월한 쉐마교육의 원리, 언제 어디서든지 하나님의 말씀을 기억하고 그 뜻을 새기는 일과도 일맥상통한다고 할 수 있다.

쉐마교육의 “손목에 매어”라는 부분에 해당하는 것이 체육이다. 유대인들은 전통적으로 일 인 일기, 즉 한 사람이 반드시 한 가지 생계를 위한 기술을 가지도록 교육하고 있다. 그러므로 그

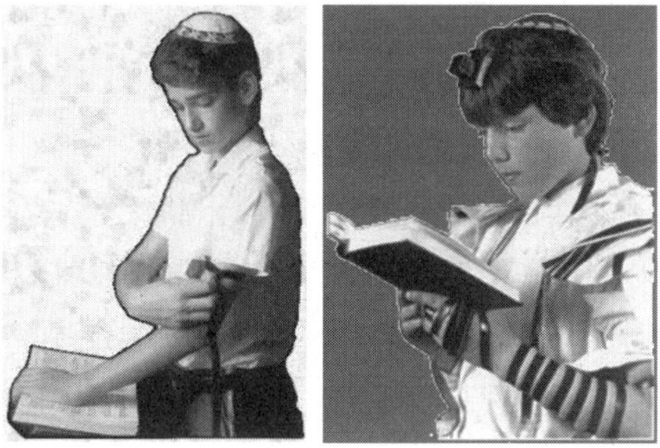

| 테필린(Tefillin) |

들은 노동을 천하게 여기지 않는다. 그리스도인들도 청소년들에게 노동의 참된 품위(品位)를 깨닫도록 지도하여야 한다. "노동은 인류를 타락에서 구원하는 하나님의 큰 계획의 일부분이 되는 것이"[27]라는 사실을 깨달을 필요가 있다. 노동을 통하여 우리는 하나님과 함께 일하는 자가 될 수 있다.

그러면 노동 중에서 어떤 것이 가장 유익할까? "일반적으로 청소년들을 위한 가장 유익한 운동은 그들이 유용한 일을 하는 데서 얻어지게 된다."[28] 더 나아가서 청소년들의 마음과 품성의 성장을 촉진하는 데 가장 효과적인 방법은 자신의 손으로 뭔가 유용한 일을 하도록 훈련하고 자기에게 주어진 인생의 짐을 스스로 지도록 가르치는 것이다.

전통적으로 유대교에서는 구약시대부터 쉐마의 가르침을 문자적으로 받아들여 하나의 의무적인 의식으로 정착시켰다. 유대인들은 기도하면서 성경의 네 구절(출13:1; 13:11; 신6:4-9; 11:13-21)이 기록된 양피지를 담아 넣은 작은 가죽 상자를 긴 가죽끈으로 연결하여 팔과 이마에 잡아매도록 가르친다. 유대인들은 이것을 가리켜 '테필린(Tefillin)'이라고 부르는데, 테필린은 원래 '기도'라는 의미의 히브리어 단어이다. 이것이 유대교 의식에서는 성경 구절이 적힌 양피지가 담긴 작은 가죽 상자를 부르는 명칭이 된 것이다. 테필린은 두 개로 이루어지는데, 하나는 왼쪽 손에 매고 다른 하나는 머리에 매도록 되어 있다.[29] 이와 같이 유대인들은 쉐마의 가르침을 문자 그대로 준행하는데 열심이었지만은 그 참다운 의미는 무엇인지 모르는 듯하다. 여기에서 "손목에 매어"라는 것은 '행동하거나 일하는 것',[30] 손이 상징하는 육체노동, 즉 손을 사용하는 유용한 일을 의미하며, 하나님의 말씀은 정신적으로만 실천되는 것이 아니라 매일의 노동을 통하여도 우리의 삶 속에서 육신적으로도 실천에 옮겨야 한다는 것을 함축하고 있다고 하겠다.

엘렌 화잇은 "노동의 귀중함에 대해서는 말도 하고 저술도 하지만, 오히려 이것을 천하게 여기는 경향이 보편화되었다. 젊은 남자들은 교사, 서기, 상인, 의사, 변호사 같은 직업을 원하거나 또는 어떤 육체적 노동을 요구하지 않는 지위를 차지하고자 애를 쓴다. 젊은 여인은 가사를 피하고 다른 방면의 교육을 구한다"[31]고 노동을 천시하는 풍조를 고발하고 있다. 이어서 "남녀를 물론하고 신실히 일하는 이유로 그 품격이 저하되는 법은 없다는 것을 배워야 할 필요가 있다. 게으름과 이기적인 의뢰심이야말로 사람의 품격을 저하시키는 것이다"[32]고 가르친다.

그러므로 가능하면 모든 학교마다 노작(勞作)교육의 설비를 가지도록 하는 것이 당연하다고 하겠다. 또한 노작교육 중에서 농업이 가장 가치 있는 일이라고 가르치고 있다. 계속해서 노작교육의 혜택은 지적인 직업을 가진 자에게 더욱더 필요한데 그 이유는 주로 책을 통해서만 얻은 피상적 지식으로는 표면적 사색에 빠지기 쉽기 때문[33]이라고 했는데 이것은 실용적인 교육의 중요성을 강조하는 유대교육의 전통과 일맥상통하는 가르침이라고 할 수 있다. 유대인들은 지금도 키부츠에서 어린이들에게 농장일을 시키면서 농장이 곧 교실이라고 부르고 있다. 교실에 앉아 농부가 일하는 사진이 들어 있는 책을 보면서 공부하는 것은 죽은 교육이라고 부른다. 또한 키부츠의 유치원 마당에 온갖 잡동사니를 늘어놓고 마치 고물상을 방불하게 만들어 놓아서 어린이들로 하여금 마음놓고 고장난 자동차를 해체해보고 고장난 시계를 조립해 보도록 해서 실용적인 교육이 이루어지도록 하고 있다고 한다.[34]

④ 성경공부

교육에 있어서 성경의 중요성은 더 이상 강조할 필요가 없다. 쉐마의 명령도 근본적으로 하나님의 말씀을 가르치라는 것이다. 육체적 발달을 위하여 운동이 필요한 것처럼 지성과 영성의 발달을 위하여 성경연구가 필요하다. 성경연구는 아무런 깨달음 없이 여러 장을 급하게 읽어 내려가는 것보다는 단 한 절이라도 깊은 명상을 통하여 마음에 새길 때 더욱 가치가 있다.[35] 또한 성경의 여기저기에서 찾은 진리를 연결하여 그 관계를 연구하고 종합적인 가르침을 발견하는 노력을 통하여 지성은 최고도로 발달할 수 있다. 지성의 발달을 촉진하는 방법 중에 하나님의 말씀을 연구하는 것보다 더 좋은 방법은 없다고 강조하고 있다. 이 사실은 유대인들 가운데 인류를 통틀어 가장 위대한 천재들과 지성인들을 배출하였음을 볼 때, 그 진실성이 입증되었음을 알 수 있다. 말을 배우기 시작할 때부터 쉐마를 외우게 하고 평생 하나님의 말씀을 손목과 이마에 붙이고 다니게 할 만큼 외형적으로도 열심히 하는 민족이라면, 그러한 교육을 통하여 그 말씀이 그들의 자자손손에까지 영향을 미쳐서 지성적으로 우수한 민족이 될 수 있는 여건을 조성해왔음을 부인할 수 없을 것이다.

실제적으로 유대인의 우수성에 대하여 선천적으로 머리가 좋은 것인가 또는 후천적인 교육의 영향인가에 연구한 결과 후자 때문이라는 결론을 내렸다고 한다. 그것도 단지 그들의 교육열과 교육방법 때문이 아니라 그 핵심은 종교교육, 즉 구약성경에 의한 교육이 비결이라고 한다. 따라서 유대인의 우수성의 원천은 '성경적 교육', '성경에 의한 교육'이라고 단언할 수 있다.[36]

성경이 지성의 발달에도 큰 도움이 주는 것이 사실이지만, 더욱 중요한 것은 영성의 발달에 있어서 성경이 미치는 영향이다. 성경의 총주제는 잃어버린 인간을 다시 찾아서 하나님의 형상으로 회복시키는 구속의 경륜이다. 이것을 연구하는 것이 구속의 과학이며 이것은 '과학 중의 과학'이다. "이것이야말로 사람이 한번 해볼 만한 최고의 학문이며, 이 학문은 다른 어떤 학문보다도 사람의 마음을 소생케 하고 심령을 고상하게 한다."[37]

성경은 천연계의 과학과 전혀 상치되지 않으며 오히려 성경과 천연계의 저자는 같은 분임을 증거하고 있다. 이 세상 만물을 지으시고 지금도 운행하시는 그분이 우리도 움직이며 살아가도록 원동력을 제공하고 있으며 그 오묘한 자연 조화의 이치를 그 말씀 가운데서 나타내셨다.

성경에서는 모든 사업에 있어서 성공의 기초가 되는 성실성과 실업의 원칙과 방법들도 찾을 수 있으며, 무엇보다도 "성경 중에 전기가 담겨 있는 부분만큼 교육적으로 더 가치가 있는 부분은 없다…… 사람의 행위는 그 사람 됨됨이의 결과라는 것보다 성경에서 더 명백히 가르치는 진리는 없다…… 모든 행위는 반드시 그 행한 자에게 돌아온다."[38]

성경연구에 효과를 내는 방법을 제시하고 있는데, 먼저 학생들의 흥미를 이끌어 내는 것이 중요하고 그들의 마음의 경향과 관심거리에 맞추어서 성경은 어떻게 말하고 있는지를 제시하여 그들의 흥미를 유도하는 방법을 권하고 있다.[39]

유대인들은 현대에도 '배움은 꿀처럼 달다는 것'을 가르치기 위해 알파벳에 꿀을 발라서 어린이들이 핥아먹으면서 배우는 의식을 가지고 있다고 한다. "공부라고 하는 것은 지금 여러분이 핥아먹은 꿀처럼 매우 달콤한 것이에요…… 여러분은 공부를 통해 지혜의 감미로움을 느낄 수 있게 될 것입니다."[40] 유대인 교사들의 이같은 가르침은 "주의 말씀의 맛이 내게 어찌 그리 단지요 내 입에 꿀보다 더하니이다"(시119:103)는 시편기자의 말씀처럼 그리스도인 교사들도 성경을 재미있고 달콤하게 가르쳐야 한다는 교훈을 주고 있다.

성경의 가르침과 연구에 힘쓰기보다는 소위 문학적 가치가 있다는 책이 더욱 권장되는 일에 대하여 "하나님의 말씀이라는 깨끗한 샘물을 자유로이 마실 수 있는데도, 어찌하여 우리의 자녀들에게 그런 더러운 물줄기에서 마시도록 지도해야 한단 말인가?"[41]라고 개탄하고 있다.

젊은이들에게 하나님의 말씀을 반드시 가르쳐야 하는 이유는 그 "말씀이 사람의 심령에 받아들여지게 될 때 유혹에 대한 유력한 방벽"이 되기 때문이며 "높고 고결한 이상에 마음을 지향하여 생애의 고상한 목표, 즉 열중할 수 있는 목표를 가짐으로 악이 발붙일 곳을 찾지 못하게"[42] 하는 데는 성경이 가장 큰 능력을 발휘하기 때문이다.

유대인 부모들은 매일 밤, 잠자리에 든 자녀에게 잠들기 전 책을 읽어준다고 한다. 유대인 가운데 세계적인 문인들이 많이 배출된 것도 이 관습의 영향이며, 유대인 부모-자녀 간의 신뢰와 애정의 원천이 되는 것도 이 방법이라고 할 수 있다.[43] 그리스도인들도 쉐마의 방법을 따라서 "누웠을 때에든지 일어날 때에든지" 하나님의 말씀으로 자녀를 교훈하여야 하겠다.

4) 결 론

쉐마는 구약의 이스라엘 백성을 위하여 반포한 오래된 교육헌장이지만 이 '쉐마'라는 단어가 유대인들이 사용하는 구약 성경의 핵심용어이기도[44] 하며 자자손손 오늘날까지 유대인들의 신앙교육의 근간을 이루고 있다. 유대인을 유대인되게 한 것이 바로 이 쉐마교육이라고 하여도 과언이 아니다. 그들이 쉐마교육을 그렇게 중요시하는 것은 바로 이 교육의 성패여부에 따라 그 민족의 축복과 저주, 즉 존망이 달려있다고 믿기 때문이다.

이 쉐마는 교육의 초점과 원천과 범위와 전개와 환경과 방법까지도 포함하고 있다. 오늘날 그리스도인들이 쉐마교육의 모든 부분을 유대인들이 하듯이 형식적 규례까지 포함하여 따를 필요는 없지마는, 쉐마에 나타난 교육의 원리들을 성경말씀과 엘렌 화잇의 교육원칙과 비교하여 매우 중요한 가르침을 발견할 뿐 아니라, 신앙교육을 위하여 실천에 옮길 필요가 있다.

4 기독교 유아교육의 성경적 기초

1) 구 약

기독교 유아교육과 관련된 구약의 핵심구절들은 신명기6:4-9; 신명기31:11-13; 잠22:6; 삼상1:11 등이다.

위에서 본 바와 같이, 신명기6:4-9은 쉐마(Shema)이다. "이스라엘아 들으라 우리 하나님 여호와는 오직 하나이신 여호와시니, 너는 마음을 다하고, 성품을 다하여 네 하나님 여호와를 사랑하라… 이 말씀을 강론할 것이며…"라는 말씀은 구약에 나타난 유아기독교교육의 성경적 기초이다.

잠언22:6의 "마땅히 행할 길을 아이에게 가르치라 그리하면 늙어서도 그것을 떠나지 아니하리라"는 말씀에서 "마땅히 행할 길"은 각 어린이의 독특한 성격에 맞게 적용되어야 한다.

신명기의 쉐마와 잠언22:6을 비교해 보면 다음과 같은 점들을 발견할 수 있다:

신6:4-9	잠22:6
"언제든지" 지속-항상	"어릴 때에" 타이밍-이른 때에
지속적인 교육 학교-집-교회의 연계성	예방적 차원에서의 교육 → 훗날 떠나지 않도록
방학 때도 기독교학교가 프로그램 운영	어떤 프로그램이 어떤 예방을 하는지

신명기6:4은 지속적 교육을 강조하고 있다. 그렇다면 현실적으로 기독교가정-기독교학교-교회의 연속적이고도, 끊이지 않

는 교육을 현실적으로 어떻게 해야 할 수 있을까? 특히 여름/겨울 방학 기간 동안에 특별한 프로그램을 운영하는 것이 효과적일 것이다.

잠언22:6은 훗날 신앙에서 떠나지 않도록 하는 예방적 프로그램/방법들 중 가장 효과적 것으로는 무엇이 있을까에 대하여 구체적으로 고민할 것을 권면하고 있다.

잠언19:18의 '훈계'(訓戒, discipline)라는 말은 몇 가지 방식으로 이해될 수 있다. 그것은 어떤 특정한 성격이나 행동양식, 특히 도덕적 및 정신적인 향상을 목적으로 시행하는 '훈련'을 의미할 뿐 아니라, 교정이나 연단을 위해 하는 '징계'를 묘사하기도 한다. 놀랍게도 성경에 묘사된 훈계는 후자에 가깝다. 잠언의 저자는 때에 맞는 훈계의 필요성에 대해 누누이 강조하고 있다. 그는 강한 어조로, "네 아들을 징계하되, 가망이 있는 초년 시기에 그렇게 하라. 만일 그렇지 않으면 그의 인생을 망치느니라"고 하였다.

2) 기독교 유아교육의 성경적 기초(신약)

기독교 유아교육과 관련된 신약성경의 구절들은 엡6:4; 딤후3:15, 16 등이다.

에베소서6:4은 "또 아비들아 너희 자녀를 노엽게 하지 말고 오직 주의 교양과 훈계로 양육하라"고 말씀하는데, 기존의 해석들의 약점은 "성령"의 역할을 강조하지 않는 해석을 하는 것이었다.

에베소서5:18-6:4을 보면, 5:18에서 "술 취하지 말라 이는 방탕한 것이니 오직 성령의 충만함을 받으라"라고 명령하고 있다.

"성령의 충만함을 받으라"는 강력한 권면이다. 성령 충만을 받으면 화답하며 …… 찬송하며 …… 감사하며…… 피차 복종하며, 즉 부부 사이에서, 그리고 부모/자녀 사이에서 이러한 일들이 이루어진다는 것이다.

에베소서5:18-6:4의 "피차 복종하며"라는 표현은 우리말 번역에는 "피차 복종하라"라는 명령형으로 되어 있지만, 원어에는 분사(*후포타소메노이* - 영어로는 SUBMITTING)로 되어 있다. 즉 피차 복종하고, 주의 교양과 훈계로 양육한다는 것은 바로 성령 충만한 사람이 자연스럽게 할 수 있는 것임을 보여 준다.

따라서 기독교 유아교육에서 가장 중요한 것은 부모, 또는 교사(부모의 교육위임자)가 성령의 영향권 안에서 가르치는 것임을 강조하는 것이다.

에베소서5:18의 성령 충만은 사람이 술에 취하면 술의 영향권에 있듯이, 사람이 성령에 의하여 충만하면 성령의 영향권 아래서 성령의 지배를 받게 됨을 나타내는 것이다.[45]

오브라이언(O'Brien)의 해석이 가장 잘된 해석 중의 하나이다. 즉 성령의 지배, 또는 영향 아래서 예수 그리스도의 모습을 끊임없이 닮아가게 되는 것이 바로 성령 충만을 의미한다는 것이다.[46]

에베소서5:18-6:4의 "아비들아"는 부모 모두를 지칭한다. 아마도 성경 기록 당시의 관용적인 표현 중의 하나였을 것이다. 기독교교육에서는 부모로부터 교육의 위임을 받은 교사들도 여기에 포함되는 것이다.

"노엽게 하지 말고"는 부모의 권위를 잘못 사용하는데 대한 권고이다. 괴롭힘, 불합리한 요구, 경험금지로 인한 성숙장애,

지나친 엄격함, 극단적 잔혹함, 편애, 부절제, 창피감 주기, 억누르기, 비난하기, 놀림 등이 바로 노엽게 하는 것이다.[47]

에베소서5:18-6:4의 "주의 교양(*파이데이아*)"과 "훈계(*누떼시아*)로"는 영어성경에는 "in the training and instruction of the Lord"(NIV)라고 번역되어 있다. 여기서 "*파이데이아*"라는 말은 엄격한 훈련을 의미한다. 그냥 자유롭게 방임하는 것이 아니고, 엄격히 통제된 훈련을 말한다. 그러나 훈련만을 뜻하는 것이 아니라 여러 가지의 교육적인 활동들을 포함하는 개념일이다. "교양"(*파이데이아*)은 교육의 제 과정과 밀접한 연관성이 있으므로, 좁은 의미의 훈련만을 의미하지는 않는다. 유대인들에게 있어서는, *파이데이아*가 지혜라는 뜻이 있었는데, 가르침을 동반하는 육체의 훈련을 의미하기도 했다. 훈련이라는 뜻과 함께 교육의 여러 가지 활동으로 보아야 한다.[48]

한편, "훈계"(*누떼시아*)는 "타이르거나 혼내는 것"이라고 정의 하였다.[49] <누페시아>는 <마음, 정신>이라는 말의 <누스>와 <위치하다, 놓다>라는 <페시아>의 합성어로 <마음을 바르게 놓는다.>는 뜻이다. 곧 옳고 바른 것을 제대로 판단하는 것을 말한다. "훈계, 경고, 교훈"을 뜻하는데 말로 교육하는 것이다. 행동/훈련을 통한 가르침이 아니라 말/교훈을 통한 가르침이다. 그 주된 내용이 하나님의 말씀이다.

에베소서6:1-4은 부모와 자녀의 관계를 두 가지 관점, 즉 부모의 입장과 자녀의 입장에서 보고 있다. 자녀는 부모에게 순종하고 공경할 의무가 있으나, 그렇다고 부모가 자녀를 자기 마음대로 함부로 취급할 수는 없다. 부모는 계속적으로 비평하고 책망하며, 잘못을 꾸짖기만 함으로써 자녀를 낙담시키지 않도록 주의해야 한다. 규칙은 필요하나, 불필요한 단속과 사소한 일까지 간섭하는 것은 오히려 득보다는 실이 많으며, 자녀를 '격노'케 할 수도 있다(골3:21).

"부모와 자녀의 관계는 일방적인 관계가 아니다. 그것은 가정 내에서의 상호 관계를 서술한 바울의 주장처럼, 강한 자가 약한 자를 보살피는 책임을 져야 한다. 부모가 자녀들의 감정을 고려해야 한다는 성경이 제시하는 신선한 개념은, 아버지의 권위가 절대적인 사회에서 가히 혁명적인 것이라고 할 수 있었다."[50]

좋은 부모는 자녀를 훈육하되, 그들을 격려하며 자녀의 감정을 존중해 준다. 우리는 방임과 규율 사이에 균형을 이루는 법을 배워야 한다.

3) 가정과 기독교 유아교육

신, 구약에 나타난 기독교 유아교육을 종합해보면, 가정과 부모가 가장 중요한 기독교 유아교육 주체라는 것을 알 수 있다. 즉 기독교 유치원이나 교회에서의 유아교육은 부모의 보조 역할, 혹은 부모의 대리자적 역할에 그친다는 것을 알아야 한다.

가정은 하나님이 세우신 제도이다(창2:18-24). 가정은 교회라는 신앙공동체가 형성되기 훨씬 이전에 형성된 가장 기본적인 작은 단위의 신앙 공동체이다. 가족들의 활동에 직접 참여하므로 삶에 필요한 것을 자연스럽게 가르치고 배우는 비형식적인 교육이었다.

구체적인 경험을 통한 교육과 가정예식에 참여함으로써 종교적인 삶의 방식들을 배워나갔다. 하나님의 뜻을 철저히 따르도록 부모는 훈계의 채찍을 아끼지 않았다.

가정교육 방법은 구전에 의한 것, 종교의식에 의한 것이었다.

초대교회에서는 가정이 예배와 성도의 교제를 위한 모임의 현장이고 신앙적 양육의 책임이 주어진 곳이었다. 교회가 형성되면서 교육의 책임이 가정 밖으로 확장되었으나 가정의 교육적인 기능은 변함이 없었다.

4) 유아세례와 기독교 유아교육

성경에는 여러 언약들이 나오는데, 그중에서 창세기 12장과 17장이 중요하다. 즉 아브라함과 그의 후손들이 복을 받는다는 내용이다. 아브라함 안에서 믿음의 후손이 된, 현대를 살아가는 성도들과 그들의 자녀들도 그 언약에 충실해야할 의무가 있다.

유대교에서는 자녀들이 난 지 8일 만에 할례를 베풀어 언약의 후손으로 입적시킨다. 물론 유대교의 입교예식은 할례를 받은 아이들이 성장과정에서 하나님의 말씀인 토라를 배우고, 그 말씀대로 일생을 야훼 하나님을 섬기며 살겠다는 신앙서약의 의미를 가지며, 또한 유대교의 일원으로서 환영하며, 종교적 성인으로 인정하는 의미를 가지기도 한다. 그러므로 현대 교회도 유아세례와 입교예식의 이러한 의의를 더욱 확대 적용해야만 한다. 그리스도인 가정의 아이들을 주일예배에 나와 하나님의 아이로 세례받게 해야 하며, 청소년 나이에 이르는 과정에서 공적으로 기독교신앙의 기초교육을 받게 하고, 입교예식을 통하여 공동체의 일원으로 영입하고 인정하는 종교적 서약이 되도록 해 주어야 할 것이다. 이것은 신앙공동체의 일원으로서 자격을 부여하는 성인식과 같은 것이다.

칼빈은 어린이는 하나님과의 언약에 의해 하나님의 자녀가 되며 하나님의 약속에 의해 교회의 완전한 성원이 될 수 있다고 보았다. 이것은 어린이도 하나님의 자녀이므로 하나님의 은총 속에 포함되어야 함을 말하는 것이다. 그래서 유아세례를 강조하였다. 그러나 "유아세례를 받은 어린이를 부모가 지속적으로 신앙양육하지 않으면 세례는 아무 소용이 없는 것이다."라고 했다.

아직도 자신의 신앙고백을 분명히 할 수 없는 유아들에게 세례를 베푸는 것은 강요된 행위로 역사적으로 항상 논쟁거리가 되었다. 그러나 교회는 아이들의 구원을 생각하고, 그리스도를 통한 구원의 언약에 근거하여 세례를 유아들에게도 적용한 것이다. 중요한 전제는 부모의 신앙에 의존하여 자녀가 구원의 은혜 아래서 성장하게 해야 한다는 것이다.

하나님께는 손자, 손녀가 없고 오직 자녀들만 있다고 누군가 말했다. 그리스도인 경험은 부모나 조부모로부터 물려받는 것이 아니다. 우리는 스스로 마음에 결심함으로써 우리 자신을 예수님께 드린다. 다른 누군가가 우리를 대신하여 경험해 줄 수 없다. 우리는 스스로 선택하고, 스스로 그분께 완전히 굴복한다. 그런 의미에서 그리스도인이 된다는 것은 매우 개인적인 경험이라고 할 수 있다.

5 유아교육의 실례

1) 모 세

모세는 유년시절 12세가 되기 전까지 어머니 요게벳의 히브리 교육을 받았다(출2:1-10, 히11:23).

요게벳은 당대 애굽의 법률을 어기면서 어린 모세를 3개월 동안이나 몰래 길렀고 갈대상자에 넣어 나일 강에 띄우면서도 소망을 잃지 않고 미리암을 보내 망을 볼 수 있도록 지혜롭게 행동을 했음을 볼 수 있다. 어린 모세를 품에 안고 요게벳의 무언의 모성애는 부모와 자녀관계 속에서 유아에게 신앙교육을 하였음을 알 수 있다. 모세는 젖을 뗄 때까지 어머니 품속에서 이스라엘의 자장가로 잠들었으며, 그가 눈이 뜨이고 말귀가 열릴 때부터는 이스라엘 조상들의 이야기를 들으면서 자랐다. 이로 인하여 그의 영혼 속에 자신은 하나님이 지켜주고 있는 이스라엘 백성이라는 것을 각인 받으며 성장하게 되었다.

후에 청소년 시절, 바로의 공주가 그를 양자로 삼아 바로 궁궐에서 왕자교육을 제대로 시킴으로 "모세는 애굽사람의 학술을 다 배워 그 말과 행사가 능하더라."(행7:22)는 말씀이 있지만 이미 유아시절에 배운 히브리교육은 모세를 평생 지배하도록 하였다. "마땅히 행할 길을 아이에게 가르치라. 그리하면 늙어도 그것을 떠나지 아니하리라"(잠22:6)는 말씀은 모세에게 가장 잘 적용되는 경우이다. 부모는 모세의 유년 시기 몇 해 동안 길렀을 뿐이지만, 그가 장성한 후에 민족의식과 하나님을 경외하는 신앙을 굳게 지니고 왕궁의 호화로운 생활의 영향을 받지 않을 수 있었던 것은(히11:24-25) 그 부모의 가르침에 힘입은 것이다. 아이가 어리다고, 무엇을 알지 못한다고 가르침을 소홀히 할 수 없음을 여기서 알 수 있다.

2) 사무엘

사무엘의 어머니 한나는 사무엘을 기도로 낳았고, 기도를 통하여 가정교육을 한 여성이다. 사무엘이 하나님께서 믿으실 만한 인물이 된 것은 우연이 아니다. 그의 어머니 한나의 기도의 산물인 믿음을 물려 받았기 때문이다. 한나의 기도와 헌신은 철저했다. 한나는 매일 기도를 드리면서 하나님께서 사무엘의 믿음을 지켜 주실 것을 믿었다. 기도와 믿음과 헌신은 한나의 삶의 계속적인 특징이었다.

한나는 하나님께 모든 것을 드린 사람은, 그 이상을 되돌려 받으리라는 것을 알고 있었다. 하나님께서는 결코 인간에게 빚을 지지 않는 분이다. 오늘의 부모들도 인간 중심에서 하나님 중심의 자녀 교육을 이룰 때, 자녀들은 바르게 자라날 것이다.

한나는 기도로 얻은 아들을 가정교육을 통하여 기도로 키웠고, 그 자녀가 하나님의 영광을 나타내게 하였다. 오늘을 살아가는 부모들도 바로 이 한나의 헌신된 삶을 본받아야 한다. 기도로 키운 자녀는 절대로 망하지 않기 때문이다. 부모의 기도의 삶, 기도로 자녀를 키우는 참다운 가정교육의 모습이다.

3) 다니엘

"하나님이 이 네 소년에게 지식을 얻게 하시며 모든 학문과 재주에 명철하게 하신 외에 다니엘은 또 모든 이상과 몽조를 깨달아 알더라 왕의 명한 바 그들을 불러들일 기한이 찼으므로 환관장이 그들을 데리고 느부갓네살 앞으로 들어갔더니 왕이 그들과 말하여 보매 무리 중에 다니엘과 하나냐와 미사엘과 아사랴와 같은 자 없으므로 그들로 왕 앞에 모시게 하고 왕이 그들에게 모든 일을 묻는 중에 그 지혜와 총명이 온 나라 박수와 술객보다 십 배나 나은 줄을 아니라 다니엘은 고레스 왕 원년까지

있으니라."(단1:17-21)

다니엘의 나이 18세까지 그는 그의 부모 밑에서 성경을 배우고 또 예레미야로부터 여러 예언을 배웠었다.[51] 하나님께서 다니엘을 이방의 나라에서 크게 사용하시기 위하여 그를 이미 준비시키셨다. 유혹을 대항한 다니엘의 생활은 무엇이 성화된 품성인지를 보여주는 용기있는 실례이다. 이 실증은 모든 사람들, 특히 청년들을 위한 교훈을 제시한다.

다니엘의 부모는 그가 어렸을 때부터 엄격한 절제습관을 가지도록 훈련시켰다. 그의 부모는 그가 모든 습관에서 자연 법칙에 순응하여야 한다는 것, 그의 먹고 마시는 것은 그의 육체적, 정신적, 도덕적 성질에 직접적인 영향을 끼친다는 것, 그리고 그가 가진 재능에 대하여 하나님께 책임을 져야 할 것인 바, 그 재능들을 모두 하나님에게서 받은 선물로 소유하고 있으므로 어떤 종류의 행동으로도 그 재능들을 위축시키거나 손상시켜서는 안 된다는 것 등을 그에게 가르쳤다. 이 교훈의 결과로 하나님의 율법은 그의 마음 가운데서 높임을 받았고 진정으로 존경을 받았다. 그가 포로의 몸이 된 초기 동안에 다니엘은 궁전의 화려함과, 위선과, 우상숭배 등에 그를 친숙하게 만들려던 심한 시험을 통과하고 있었다. 그로 하여금 절제, 근면 그리고 충성의 생애를 살기에 합당하게 만들어 준 것은 유아 때부터 받은 교육이었다! 그리하여 그는 그를 둘러싼 악의 분위기에 의하여 부패되지 아니한 생애를 살았다.

다니엘과 그의 동료들은 어렸을 때에 받은 올바른 훈련과 교육의 유익을 누렸으나 이러한 유리한 점들만이 그들을 그와 같이 훌륭한 인물들로 만든 것은 아니었다. 그들이 홀로 행하여야 할 때, 장래가 자신의 행동 여하에 달린 때가 드디어 이르러 왔다. 그때 그들은 유년 시절에 받은 교훈에 충실하리라고 결심하였다. 지혜의 근본이 되는 하나님께 대한 경외가 그들을 위대하게 만든 기초였다. 하나님의 성령께서 모든 진실한 목적과 모든 고상한 결심을 강화시켜 주셨다.

4) 세례 요한

세례 요한은 예수의 선구자였다.

"너도 기뻐하고 즐거워 할 것이요 많은 사람도 그의 남을 기뻐하리니 이는 저가 주 앞에 큰 자가 되며 포도주나 소주를 마시지 아니하며 모태로부터 성령의 충만함을 입어 이스라엘 자손을 주 곧 저희 하나님께로 많이 돌아오게 하겠음이니라 저가 또 엘리야의 심령과 능력으로 주 앞에 앞서 가서 아비의 마음을 자식에게, 거스르는 자를 의인의 슬기에 돌아오게 하고 주를 위하여 세운 백성을 예비하리라."(눅1:14-17)

그는 광야학교에서 교육을 받았다. 정상적인 경우에서라면 사가랴의 아들은 제사장직을 위하여 교육을 받게 되었을 것이었다. 그러나 랍비의 학교에서 훈련을 받았더라면 그는 그의 사업을 행하기에 부적당한 사람이 되었을 것이다. 하나님께서는 그를, 성경을 해석하는 방법을 습득하도록 신학을 가르치는 교사들에게 보내지 않으셨다. 하나님께서는 요한이 천연계와 그 천연계의 하나님을 배우도록 하기 위하여 그를 광야로 부르셨다.

그의 부모는 어린 시절부터 요한에게 그의 사명을 계속 제시해 주었으며, 요한은 그 거룩한 책임을 받아들였다. 광야의 고독은 그에게 있어 의심과 불신과 부정(不淨)이 거의 만연된 사회를 피하는 즐거운 특권이 되었다.

그는 옛날 선지자의 옷인 약대 털옷을 입고 가죽 허리띠를 매었다. 그는 광야에서 구할 수 있는 "메뚜기와 석청"을 먹고[52] 산에서 나오는 맑은 물을 마시고 살았다.

요한은 광야에서 그의 학교와 그의 성소를 발견했다. 미디안 산중의 모세와 같이 그는 하나님의 임재하심에 싸여 있었고 그분의 능력의 증거로 둘리어 있었다.

그는 아름다우신 왕을 바라볼 때에 자신을 잊어버렸다. 그는 거룩하신 위엄을 바라보고 자기 자신의 부족과 무가치함을 느꼈다. 그는 하나님을 바라보았기 때문에 사람을 두려워하지 않고 하늘이 보낸 기별자로 나갈 준비가 되어 있었다. 그는 만왕의 왕 앞에 숙여 경배하였으므로 세상의 군주들 앞에 두려움이 없이 곧게 설 수 있었다.

5) 디모데

"또 네가 어려서부터 성경을 알았나니 성경은 능히 너로 하여금 그리스도 예수 안에 있는 믿음으로 말미암아 구원에 이르는 지혜가 있게 하느니라."(딤후3:15)

디모데의 아버지는 헬라인이요 어머니는 유대인이었다. 그는 어려서부터 성경을 알았다. 그가 가정생활을 통해 보았던 경건은 성경에 기초한 것이었다. 그의 어머니와 외조모가 가졌던 성경에 대한 신앙은 그에게 하나님의 뜻을 행하는데 따르는 축복을 끊임없이 생각나게 해 주었다. 하나님의 말씀은 이 두 경건한 여인들이 디모데를 기르게 한 규범이었다. 디모데는 그들에게서 받은 교훈의 영적인 감화로 말에 순결하고, 그를 둘러싼 악한 유혹에 물들지 않게 되었다. 이와 같이 그의 가정교사들은 그를 책임을 맡도록 준비시키는 일에 하나님과 협력하였다.

바울은 디모데의 충성, 끈기 그리고 진실을 보고 그를 수고와 여행의 동료로 선택하였다. 유년 시절에 디모데를 가르쳤던 이들은 그들이 정성을 기울인 아들이 그 위대한 사도와 친밀한 교제를 맺도록 연결됨을 봄으로 보상을 받았다. 디모데가 하나님에게서 교사로 택함을 받았을 때에는 단지 청년에 불과하였다. 그러나 그의 초기 교육을 통하여 그의 원칙들이 확고하게 확립되었기 때문에 그는 바울의 조력자로서의 그의 위치를 차지하기에 적합하게 되었다. 비록 젊었지만 그는 그리스도인의 온유함을 가지고 그의 책임을 감당하였다.

6 선지자 학교

1) 선지자의 의미

성경에서 선지자는 "하나님으로부터 기별을 받아 그 내용을 그분의 백성들에게 전달하는 사람"이다. 선지자들은 자진하여 예언하지는 않았다. "예언은 언제든지 사람의 뜻으로 낸 것이 아니요 오직 성령의 감동하심을 입은 사람들이 하나님께 받아 말한 것임이니라"(벧후1:21).

구약에서 선지자라는 말은 일반적으로 히브리어 '나비(nabi)'를 번역한 것이다. 그 의미는 출애굽기 7장 1, 2절에 표현되어 있다. "여호와께서 모세에게 이르시되 볼지어다 내가 너로 바로에게 신이 되게 하였은즉 네 형 아론은 네 대언자(나비)가 되리니 내가 네게 명한 바를 너는 네 형 아론에게 말하고 그는 바로에게 말"하게 하라. 바로와 모세와의 관계는 하나님과 그의 백성과의 관계와 같다. 그리고 아론이 모세의 말을 바로에게 전달했듯이 선지자는 하나님의 말씀을 백성들에게 전달하였다. 그러므로 선지자라는 용어는 하나님께서 당신을 위하여 임명하신 대변자를 가리킨다. 히브리어의 나비에 해당하는 헬라어는 prophetes이며, 그 단어로부터 영어의 prophet(선지자)이 유래되었다.

히브리어 roeh(사30:10), 혹은 chozeh(삼하24:11; 왕하17:13)를 번역한 말인 "선견자"(seer)는 예언의 선물을 가진 사람들을 지칭하는 또 다른 표현이다. 선지자와 선견자라는 용어는 서로 밀접하게 관련되어 있다.[53] 성경은 "옛적에 이스라엘에 사람이 하나님께 가서 물으려 하면 말하기를 선견자에게로 가자 하였으니 지금 선지자라 하는 자를 옛적에는 선견자라 일컬었더라"(삼상9:9)고 설명한다. 선견자라는 칭호는 선지자가 하나님의 기별을 받음을 강조하였다. 하나님께서는 선지자들이 당신의 백성들에게 전달하기를 원하시는 정보들을 선지자들의 "눈" 또는 마음에 공개하셨다.

각 시대를 통하여 하나님께서는 예언의 선물을 가진 사람들을 통하여 당신의 백성에 대한 당신의 뜻을 계시해 주셨다. "주 여호와께서는 자기의 비밀을 그 종 선지자들에게 보이지 아니하시고는 결코 행하심이 없으시리라."(암3:7; 히1:1 참조)

히브리어 "나비"의 원뜻은 "나의 입, 여호와의 입"이란 뜻이다. 하나님의 입은 낮고 천한 것을 말씀하시지 않고 높고 귀한 것을 말씀하신다. 하나님의 입인 선지자도 마찬가지로 높고 귀한 것을 말하는 사명을 가지고 보냄을 받은 자이다. 천한 것을 버리고,

귀한 것을 취하면 하나님이 다시 쓰시겠다는 말씀이셨다.

하나님의 일군된 자들은 천박한 마음, 생각, 뜻, 말이나 행동, 생활의 모든 것을 버려야 한다. 반면에 좀 더 고상하고 귀한 것을 취해야 한다. 그러면 하나님이 다시 그를 하나님의 입으로 사용하시겠다고 약속하셨다.

선지자는 3가지 고민이 있어야 한다.54

1. 하나님의 말씀에 대한 두려움
2. 백성들이 말씀을 알아듣는 것
3. 동역자들 중에서 거짓 선지자 때문에 오는 고민이 있어야 한다.

또한 이러한 나비(선지자)들은 자신의 외적인 생활방식 전체를 통해 새로운 시대의 도래를 예언하였다. 이들의 생활방식은 물질을 가볍게 여기며 특별한 장소에서 특별집단을 이루어 생활하는 것으로 나타났다. 이들은 이러한 행위들을 통해 민족을 뿌리 채 뒤흔들어 놓았고 궁극적으로 역사 속에서 계시된 하나님의 주권을 선포하였다.

2) 선지자 학교의 설립 배경

(1) 교육에 대한 최초의 하나님의 계획

하나님께서는 히브리인들에게 당신의 요구를 저희 자녀들에게 가르치고 당신께서 저희 조상들을 취급하신 일에 대하여 잘 알게 하도록 명하셨다. 이것은 모든 부모들의 특별한 의무, 곧 다른 이들에게 위임하지 말아야 할 의무 중에 하나였다. 낯선 사람의 입술 대신에 아버지와 어머니의 사랑의 마음이 저희 자녀들에게 교훈을 주어야 하였다. 하나님께 대한 생각은 일상생활의 모든 일과 관련되어야 하였다. 당신의 백성을 구원하신 하나님의 기적과 오실 구주에 대한 언약들은 이스라엘인들의 가정에서 자주 자세히 설명되어야 하였다. 그리고 표상과 상징을 통하여 그 교훈들이 더욱 잘 기억되게 하였다. 특별히 이 시기는 형식적인 의미로 학교들이 존재하지 않았다. 교육은 생활 속에서 수행되어 가정이 주요한 교육기관이었다.

(2) 빗나간 하나님의 계획

엘렌 화잇은 하나님의 계획의 실패에 대하여 다음과 같이 기록하였다. "대다수의 가정에서 하나님의 지시를 따라 행하는 교육과 또 이를 통한 품성의 발달은, 똑같이 별로 바람직한 것이 되지 못했다. 하나님의 계획은 단지 부분적으로, 그리고 불완전하게 성취되었을 뿐이었다. 이스라엘 백성은 하나님의 지도를 불신하고 무시함으로써 대항하기 어려운 시험에 스스로 빠져들었다. 그들이 가나안 땅에 정주할 때에 '여호와의 명을 좇지 아니하여 이족들을 멸하지 아니하고 열방과 섞여서 그 행위를 배우며 그 우상들을 섬김으로 그것이 저희에게 올무가 되었(시 106:34-36)다.' 그들의 마음은 하나님께 의롭지 못하였고 '그의 언약에 성실치 아니하였음이로다 오직 하나님은 자비하심으로 죄악을 사하사 멸하지 아니하시고 그 진노를 여러 번 돌이키시며 그 분을 다 발하지 아니하셨으니 저희는 육체뿐이라 가고 다시 오지 못하는 바람임을 기억하셨음이로다'(시78:37-39). 이스라엘의 부모들은 하나님께 대한 그들의 의무뿐만 아니라 그들의 자녀들에 대한 의무도 등한히 하였다. 가정에서의 신실하지 못한 일과 밖에서 이루어지는 우상 숭배의 영향을 받아, 이스라엘의 많은 청소년들은 하나님께서 그들을 위하여 계획하신 교육과 크게 차이가 나는 교육을 받았다. 그들은 이교도들의 방법들을 배우게 되었다."[55]

(3) 수정된 계획

이어서 같은 쪽에, "편만해 가는 이 악에 대처하기 위하여 하나님께서는 교육하는 일에 부모들을 돕기 위하여 다른 방편들을 마련하시게 되었다. 옛날부터 선지자들은 하늘에 의해 임명된 교사로 일반에게 알려져 있었다. 선지자란 특별한 의미에 있어서, 직접 영감을 받아 말하면서 하나님께로부터 받은 기별을 백성들에게 전하는 자였다. 그러나 직접 영감을 받지 않았을지라도, 사람들에게 하나님의 일과 방법을 가르치기 위하여 하늘의 부름을 받은 사람이면 역시 선지자라고 불리었다. 이러한 교사들을 훈련시키기 위하여 사무엘은 하나님의 지시를 받아 선지자학교를 설립하였다"라고 화잇은 기록하였다.

특별히 여기서 우리가 주목해야 할 몇 가지 사실이 있다.

첫째, 교육에 있어서 어머니의 책임이 그 누구의 책임보다 더 무겁다는 것이다. 왜냐하면 어머니는 자기의 생명력으로 자녀를 양육하고 자녀의 체격을 형성시켜 주며, 마음과 품성을 꼴지워 주는 정신적 · 영적 감화력도 또한 나누어 주게 되기 때문이다.

둘째, 사무엘의 선지자 학교를 세우게 된 배경에서 간과하지 말아야 되는 것 한 가지는 그의 어머니 한나이다. 특히 그의 기도와 자아희생은 당시의 어머니들과 큰 대조를 이룬다.

2) 선지자학교의 교육방법과 교과목

사무엘은 보편화된 부패에 대한 방벽이 되고 청년들의 도덕적 영적 복리를 도모하고, 하나님을 경외하는 지도자와 고문으로 봉사할 자격 있는 사람들을 배출시킴으로 장래의 민족적 번영을 도모하기 위하여 선지자 학도와 고문으로 봉사할 자격 있는 사람들을 배출시킴으로 장래의 민족적 번영을 도모하기 위하여 선지자 학교를 세웠다.

(1) 교육방법

교수방법은 많은 학생들이 입학할 때보다 하나님께 대한 참 지식과 종교적 진리를 덜 가지고 졸업하는 오늘날의 신학교들의 교수방법과는 훨씬 달랐다. 이러한 고대의 학교에서는 하나님의 뜻과 그분에 대한 인간의 의무를 배우는 것이 모든 학과 중에 가장 으뜸되는 것이었다. 거룩한 역사의 기록에서 여호와의 발자취를 찾을 수 있었다. 표상으로 설명된 큰 진리들이 나타났고 그 모든 제도의 중심적인 대상, 메시야를 믿음으로 붙잡았다.

단순성을 그들의 교육의 모든 국면의 뚜렷한 특징으로 삼는 일이 얼마나 중요한가를 청년들의 마음에 깊이 감명시켰다.

"학교에서나 가정에서나 교육의 대부분은 구두(口頭)로 이루어졌다. 그러나 청년들은 히브리 책들을 읽는 법을 배웠으며, 양피지의 두루마리로 된 성경들이 그들의 연구과제로 제공되었다."[56] 기도할 시간을 갖지 못할 만큼 다급해지고 분주해져서는 안 된다.

학생들의 마음에는 헌신의 정신이 가득 채워졌다. 그들은 기도를 드려야 하는 의무에 대해 배우는 것만으로 그치지 않고, 기도를 어떻게 하며, 그들의 창조주께 어떻게 가까이 나아가며, 그분에 대한 믿음을 어떻게 활용하고, 성령의 가르침을 어떻게 이해하고 순종할 것인지에 대해서도 배웠다.

(2) 육체적 노동과 자활, 직업 교육

이 학교의 학생들은 토지를 경작하거나 어떤 육체노동에 종사하여 자신들의 노력으로 자활했다. 여러 가지 직업들을 선지자 학교에서 가르쳤다. 그리고 학생들 중 많은 사람들이 육체노동으로 자급자족하였다.

선지자학교에서 실행한 체육교육은 신앙교육만큼이나 가치가 있다. 인간의 정신과 육체 사이에는 밀접한 관계가 있으므로 도덕적으로나 지적으로 높은 수준에 도달하기 위해서는 신체를 지배하는 법칙들에 주의하여야 한다. 강하고 잘 조화된 품성을 얻기 위하여 지적 · 육체적 능력을 행사하고 발전시켜야 한다.

"선지자학교의 생도들은 직접 땅을 경작하거나 연모를 다루는 일에 종사함으로써 자활할 수 있었다. 이스라엘에서는 이렇게 하는 것이 이상하거나 수치스러운 일로 생각되지 않았다. 오히려 자녀들을 유익한 노동의 가치를 알지 못한 채 자라도록 버려두는 것이 죄로 여겨졌다. 모든 청년은 부모가 부자이든 가난한 사람이든 간에 직업교육을 받았다. 거룩한 직임을 위하여 교육을 받는 사람에게도 실업교육은 유용한 인물이 되는 일에 있어서 필수적인 것으로 여겨졌다."[57]

이스라엘의 시대에서처럼 지금도 모든 청년들은 실생활의 의

무들에 대하여 배워야 한다. 각자는 어떤 분야의 수공에 대한 지식을 얻어야 할 것이며 만일 필요한 경우에는 그것으로 저희 생계를 이어갈 수 있다. 그것은 생활의 변동에 대한 보호책일 뿐 아니라 육체적 · 지적 · 도덕적 발전에 필요한 것이다. 생계를 유지하기 위하여 수공에 의지해야 할 필요가 없는 자들까지도 일하는 것을 배워야 한다. 육체적 노동 없이는 건전한 신체와 활력이 넘치는 건강을 소유할 수 없다. 규칙적인 노동으로 단련하는 것은 강하고 활동적인 지력과 고상한 품성을 얻는 데 필요하다.

(3) 시와 노래

"이런 선지자학교의 주요 교과목은 모세에게 주셨던 교훈이 포함된 하나님의 율법, 거룩한 역사관, 하나님을 찬양하는 노래 및 시가(詩歌)들이었다."[58]

음악은 거룩한 목적을 위하여 만들어졌다. 그것은 사람들로 순결하고 고상하고 향상하도록 저들의 사상을 높이고 영혼 속에 하나님께 대한 헌신하는 마음과 감사하는 마음을 일깨워 주도록 만들어졌다. 거룩한 가곡예술이 선지자학교에서 부지런히 연마되었다. 경박한 노랫소리는 들리지 않았고 다만 그 이름을 높이고 그 놀라우신 역사를 설명하는 창조주께 대한 신성하고 엄숙한 찬양의 시(詩)가 들렸다.

3) 교사와 학교의 수

교사들은 하나님의 진리에 대해 조예가 깊었을 뿐 아니라 친히 하나님과 교동하고 하나님의 성령의 특별한 재능을 받은 사람들이었다. 그들은 학식과 경건, 이 두 가지에 있어서 백성들의 존경과 신임을 받았다. 그들은 하나님을 알게 하고 품성 건설하는 일을 가장 중요한 일로 여겼다. "여호와는 경외하는 것이 지혜의 근본이요 거룩하신 자를 아는 것이 명철이니라"(잠9:10). 인생의 최대의 사업은 품성을 건설하는 일이며 하나님을 아는 것이 모든 참 교육의 기초가 된다. 하나님을 아는 지식을 나누어 주고 그것과 일치하는 품성을 형성시키는 일이 교사의 사업의 목적이다.

"사무엘 당시에는 이러한 선지자학교가 두 개 있었는데 하나는 선지자의 고향 라마에, 다른 하나는 그 당시 법궤가 있던 기럇 여아림에 있었다."[59] 다른 학교들은 그 후에 설립되었다.

엘리사 시대에는 길갈과 벧엘과 여리고에 있었고, 그 후에는 전국에 산재해 있었다.[60]

4) 선지자 학교의 영향

(1) 사울의 라마 방문

선지자학교에 대하여 성경이 기록하고 있는 가장 흥미롭고 통쾌한 장면 중의 하나는 사무엘 상 19:19-24까지 나오는 사울의 라마 방문에 대한 기사이다. 다윗이 라마 나욧에 은거해 있다는 소식을 들은 사울이 그의 신복들을 계속 보내어 다윗을 생포하려고 하였지만 어찌 된 일인지 가는 자들마다 '함흥차사' 식으로 라마의 생도들처럼 예언을 하면서 돌아오지 않게 되자, 마침내 사울이 몸소 라마에 찾아가게 된다. 사울까지도 하나님의 영의 감동을 받아 라마 나욧의 입구에서부터 예언을 하며 벌거벗은 몸으로 누워버렸다는 이 기사는 라마에 있던 선지자학교의 영성이 얼마나 높았던가를 웅변으로 증명하고 있다.

(2) 다윗과 솔로몬 시대를 만듦

"이런 학교들은 "나라로 영화롭게"(잠14:34) 하는 의를 진작시키는 가장 효과적인 방법들 중 하나가 되었다. 이 학교들은 다윗과 솔로몬의 치세를 낳게 한 놀라운 번영의 기초를 놓는 일에 적지 않게 이바지하였다.[61]

솔로몬의 청년시절에 최고의 지혜를 하나님으로부터 받은 근본적 비결도 선지자학교의 교육방법이 가져다 준 결과라고 볼 수 있다. 다윗과 솔로몬의 2대에 걸친 통치시대에, 하나님으로부터 아브라함에게 처음 주어져 모세를 통하여 반복된 약속이 성취되어서 이스라엘의 국가의 번영이 최고절정에 도달하게 된 근원도 여기에 있었다.

(3) 이세벨의 계략을 무너뜨림

열왕기하8:16, 18에 나오는 이세벨의 계략에 의하면, 이세벨은 그의 유혹적인 술책으로 여호사밧을 친구로 만들었다. 그는 그의 딸 아달랴와 여호사밧의 아들 여호람 간의 결혼을 주선하였다. 이세벨은 그의 딸이 그의 계획을 이루어 낼 것이라는 것을 알았다. 왜냐하면 그녀의 딸은 그의 지도를 받고 자라났으며 양심도 없는 그런 여자였기 때문이었다. 그러나 이세벨이 성공했는가? 아니다. 이는 사무엘이 세운 학교에서 교육을 받던 선지자들의 아들들이 진리와 의를 위하여 굳게 섰기 때문이었다.

또한 에스라 시대의 부흥과 회복의 힘이 되기도 하였다.

5) 선지자학교의 역사적 진행

(1) 선지자학교의 몰락과 그 원인

사무엘이 설립한 선지자학교들은 이스라엘의 배도의 기간에 낡고 허물어져 있었다.

"솔로몬의 신앙은 우상 숭배자들과의 교제와 이방 여인과의 결혼으로 부패되었다. 이리하여 하나님께서 당신의 백성을 안전하게 지키기 위해 세우신 방벽들이 무너졌으며, 솔로몬 자신은 거짓 신들에게 예배하는 데까지 이르게 되었다. 감람산 꼭대기에는 여호와의 성전에 맞서는 거대한 신전과 우상들이 이방 신들을 섬기기 위하여 세워졌다. 솔로몬은 하나님께 대한 충성심을 버렸을 때에 자신을 제어할 수가 없었다."[62]

(2) 엘리야와 엘리사에 의한 회복

엘리야는 청년들로 하여금 율법을 중요시하며 존중하는 교육을 받도록 하기 위하여 이 학교들을 다시 설립하였다. 이들 중 길갈과 벧엘과 여리고에 있던 세 학교가 기록에 남아 있다.

엘리사가 이스라엘 나라 여기저기를 여행할 수 있을 때에 그는 선지자 학교를 세우는 일에 계속 적극적인 관심을 보였다. 그가 가는 곳에는 어디든지 하나님께서 그와 함께 하셔서 할 말과 이적을 행할 수 있는 능력을 주셨다.

(3) 예수 시대의 선지자학교

예수 당시에는 선지자 학교의 본을 따라 성전에 연결된 한 방은 거룩한 학교로 구별되었다. 여기에서 저명한 랍비들이 그들의 문하생들과 함께 모였는데 소년 예수께서 이곳에 오셨다. 예수께서는 이 위엄 있는 학자들의 발 아래 앉아서 그들의 가르치는 교훈에 귀를 기울이셨다. 그는 지혜를 구하는 사람으로서 이 선생들에게 메시야의 초림을 지적하는 예언의 말씀과 그때에 일어날 사건들에 대하여 질문하셨다.

6) 결 론

선지자학교의 정신이 기독교 유아교육의 정신이다. 만일 이 원칙들을 그 중요성을 감안해서 유이했더라면 현행 교육방법에 근본적인 변화가 일어났을 것이다. 교만과 이기적인 야심에 호소하거나 경쟁심을 불붙이는 대신에 교사들은 선과 진리와 미에 대한 사랑을 분기시켜 미덕에 대한 열망을 일으키고자 노력할 것이다. 학생들은 자기들에게 주어진 하나님의 선물을 개발하려고 노력할 것이며 다른 사람을 능가하려고 애쓰지 아니할 것이다. 그들은 창조주의 목적을 성취하고 창조하려고 노력할 것이며 다른 사람을 능가하려고 애쓰지 아니할 것이다. 그들은 창조주의 목적을 성취하고 창조주의 형상을 닮고자 할 것이다.

오늘날의 학교교육자들이 고대 히브리학교에서 무엇인가 유익한 교훈들을 배울 수 있지 않을까? 인간을 창조하신 하나님께서는 인간의 몸과 마음과 영혼의 성장을 위하여 준비하셨다. 그러므로 교육에 있어서 참된 성공은 창조주의 계획을 수행하는 성실성에 달려 있다.

주

1. 정웅섭, 기독교교육개설(서울: 대한기독교교육협회, 1996), 111-112.
2. Naomi Black, ed., *Celebration, the Book of Jewish Festivals*(N.Y.: Dutton, 1987).
3. NIV 구약원어대조성경 히브리어사전(서울: 도서출판 로고스, 1993, 290.
4. http://www.sunkyo.org/oversea korean.htm에서 재인용.
5. 현용수, IQ는 아버지 EQ는 어머니 몫이다 3권(서울: 조선일보사, 1999, 165.
6. http://www.bibleland.or.kr/judaism/shema.htm.
7. Ibid.
8. Ibid.
9. Ibid.
10. 엘렌 G. 화잇, 교육(서울: 시조사, 1991), 69.
11. 상계서, 89, 90.
12. 상계서, 90.
13. 박미영, 유대인 부모는 이렇게 가르친다(서울: 생각하는 백성, 2000, 40.
14. 교육, 97, 99.
15. 상계서, 102.
16. 상계서, 107.
17. 엘렌 G. 화잇, 시대의 소망 1권(서울: 시조사, 1997), 54.
18. 상계서, 55.
19. http://cafe.daum.net/21success
20. 교육, 90.
21. 시대의 소망 1권, 58.
22. 상계서
23. 박미영, 148-155.
24. 시대의 소망 1권, 57.
25. 상계서.
26. 상계서.
27. 교육, 196.
28. 상계서, 197.
29. 현용수 1권, 194.
30. 상계서, 198.
31. 교육, 197.
32. 상계서.

33. 상게서, 200-201.
34. 박미영, 119-126.
35. 교육, 111.
36. 현용수 1권, 52.
37. 교육, 113.
38. 상게서, 133.
39. 상게서, 172.
40. 박미영, 164.
41. 교육, 173.
42. 상게서, 174.
43. 박미영, 41-45.
44. 현용수 1권, 184.
45. John Stott, 오늘날의 성령의 사역(서울: 한국기독교 교육연구원, 1983).
46. 피터 T. 오브라이언, WBC성경주석시리즈: 골로새서빌레몬서(서울: 솔로몬, 2008).
47. Stott, 1983, 246.
48. Best, 1998, 569.
49. Rudolf Schnackenburg, Ephesians: Commentary, trans. by Helen Heron(Edinburgh: T. & T. Clark, 1991).
50. 프랭크 E. 게블린 편, 해설자의 성경 주석, 11권, 81.
51. 예레미야가 부름 받은 지(BC 635) 10년쯤 후에 다니엘이 태어났다고 추정된다. 다니엘은 귀족 혹은 왕족이었을 것이고 예루살렘에서 가까운 곳에 살고 있었을 것이다. 예레미야는 왕궁, 성소, 예루살렘 근처에서 하나님의 말씀을 오랫동안 전하였기에 그의 기별은 다니엘 외에도 많은 대부분의 사람들이 익히 알고 있었을 것이다. 다니엘은 어렸을 때부터 그의 소문을 듣고 그의 기별을 듣고 자랐을 것이다.
52. 유대인에게 쥐엄 열매는 메뚜기 열매로 통한다. 서로 생긴 모양이 비슷하기 때문이다. 침례 요한이 탄생한 예루살렘 서쪽의 엔케렘 지역은 쥐엄 열매가 많이 나는 곳이다. 요한은 말린 쥐엄 열매를 유다 광야로 가지고 가서 몇 달치 혹은 몇 년치를 저장해 놓았다가 먹었을 것이다.(류모세, 열린다 성경 식물 이야기, 두란노, 2008).

    석청은 바위에서 나는 꿀이다. 중동지방의 베두인족은 지금도 바위에서 나는 야생꿀을 모아서 먹기도 하고 팔기도 한다.
53. http://biblenara.org/q&a/Q731.htm
54. http://subu.kuc.or.kr/bible/prophet/prophet01.htm

55. 교육, 41.
56. 상게서, 42-43.
57. 상게서, 42.
58. 상게서, 43.
59. 상게서 42.
60. C. B. Eavey, 기독교교육사(서울: 한국기독교교육연구원 1980), 93.
61. 교육, 43.
62. 상게서, 44.

제4장

교육의 새소식

1 예수의 어린 시절 교육

예수는 마리아의 무릎 위에서 토라를 처음 배웠다. 십계명이나 토라에서 중요한 구절들을 다른 유대 아이들이 배우듯이 암송하며 배웠다. 선지자의 글 두루마리와 히브리 저술들을 배웠을 것이다. 경건한 유대가정에는 토라를 적어 놓은 두루마리가 하나씩 있었다. 아이들은 두루마리를 읽으면서 글을 배웠다. 일반적으로 부모들은 시몬 벤 샤타 때부터(주전 75년경) 동네마다 세워놓은 학교에 아이들을 보냈다. 아이가 좀 더 자라면 혼자 성경을 읽게 했다. 다섯 살이나 여섯 살이 되면 학교에서 정규적인 교육을 받기 시작한다. 선생은 대개가 회당 일을 맡아서 하는 사람들이었다. 학교에서 열살 때까지는 성서만을 배웠다. 열 살부터 열다섯 살까지는 미쉬나를 배웠고, 그 이후로는 신학적인 것을 배웠다. 성경은 레위기부터 배웠다. 그다음에 오경과 예언서, 성문서를 차례로 배웠다. 그리고 탈무드는 15살 이상의 아이들에게만 가르쳤다.

유대 아이들은 토라의 언어인 히브리어도 배웠다. 아람어와 히브리어는 사촌간이어서 아람어를 하는 사람은 쉽게 배울 수 있었다. 또 라틴어도 알았을 것이다. 당시는 로마가 지배하던 시대여서 곳곳마다 많은 로마 군인들과 민간인들이 와 있었는데 그들이 공용어로 사용한 언어였다. 예수의 십자가에도 라틴어로 「유대인의 왕 나사렛 예수」라고 써 붙여 있었다. 예수는 4개 국어를 알고 있었을 것이다. 고고학자들이 이스라엘에서 4개 국어로 씌어진 수많은 예수 당시 문서들을 발굴해 냈다.[1]

예수는 자라나면서 자연을 즐기고 하나님의 큰 도서관인 천연계로부터 많은 교훈을 얻었다. 그는 식물과 동물을 연구하면서 천연계 속의 모든 자원은 오직 한 목적, 즉 남을 축복하기 위한 생애를 산다는 사실을 깨달았다. 그는 보이는 사물을 통하여 하나님의 말씀을 소개할 수 있는 예증을 찾았다. 후에 예수께서 잃은 은전의 비유(눅15:8-10)를 말씀하면서 은전 하나를 찾기 위하여 집안 곳곳을 부지런히 쓸며 찾는 여인의 모습을 비유로 든 것은 아마도 어린 시절 그의 어머니 마리아가 궁핍한 생활 가운데서 어느 날 실수로 집안에서 잃어버린 은전을 찾기 위하여 사방을 쓸면서 열심히 찾던 모습을 마음속에 간직하고 있다가 비유로 사용하였다는 전승이 있다. 소년 예수는 늘 기도로 하나님과 교통하기를 즐겼으며 그의 부지런한 생애는 시험이 엄습할 시간을 허락하지 않았다.

열두 살이 되는 유대인의 남자아이들의 율례를 살펴보면 태어나서 8일째 할례를 받고(창17:12), 세 살 때 술을 단 옷을 입고(민15:38-41; 신22:12), 다섯 살 때 두루마리에 기록한 율법(쉐마:

Shema, 할렐: Hallel)을 어머니로부터 배운다(신6:1-3). 그리고 10살이 되면 미쉬나(탈무드)를 공부하고, 13세가 되면 소위 "언약의 아들(Bar Mitzbah)"이 되는데 이때부터 유대인으로서 공회(Synagogue)회원이 될 수 있으며, 성인으로 인정받는 것이다. 언약의 아들이 되기 전에 미리 참여함으로써 교육시키고자 하는 부모의 마음에서 유월절에 함께 예루살렘을 방문했을 것으로 이해된다. 미쉬나에는 1~2년 전에 미리 성전을 가봐야 한다는 규정이 있다.[2]

2 예수와 랍비교육

"아이 예수는 회당의 학교에서 교육을 받지 않았다. 그의 어머니가 그의 최초의 인간 교사였다. 그는 어머니의 입술과 선지자들의 두루마리에서부터 하늘 사물에 대하여 배우셨다."[3] 예수는 유년기로부터 소년기로 자라나실 때에도 랍비의 학교를 찾지 않으셨다. 이와 같은 사람들로부터 얻는 교육이 그에게는 필요하지 않았는데 이는 하나님이 바로 그의 교사이셨기 때문이었다.

요한복음7:15에 "이 사람은 배우지 아니하였거늘 어떻게 글을 아느냐"는 유대지도자들의 불평이 나온다. 이것은 예수께서 글을 읽으실 수 없었다는 것을 의미하는 것이 아니라 단지 랍비의 교육을 받지 않으셨다는 것을 암시하는 것이다. 엘렌 화잇은 랍비교육의 문제점에 대하여 그 교훈이 형식화되었고, 유전이 성경을 대신하였으며, 유대인 교사들은 의식에 대한 문제들에만 관심을 썼다고 하였다. 하나님의 말씀을 개인적으로 받아들임으로 얻어지는 경험은 그 교육제도에 그 자취도 찾아 볼 수 없었다고 하였다. 외양적인 것들에 열중한 학생들은 하나님과 조용히 보낼 시간을 발견하지 못하고 하나님께서 마음에 말씀하시는 음성을 듣지 못했다고 하였다.

또한 지식을 위주로 하는 교육은 지혜의 근원이신 하나님에게서 돌아서게 했고 하나님을 섬기는 일에 있어서 가장 요긴한 것은 무시되었으며 율법의 원칙이 모호하게 되었다고 하였다. 따라서 그들이 탁월한 교육이라고 생각했던 것이 실상은 참된 향상에 가장 큰 장애물이 되었다. 랍비들의 훈련을 통하여 청소년들의 능력은 억압되었고 그들의 마음은 제한을 당하고 좁아질 수밖에 없었다.

"당시의 사람들에게 있어서는 모든 사물의 가치가 그 외관으로 결정되었고 종교의 내면적인 힘이 쇠하여짐에 따라 그 외면적인 허식이 성하게 되었다."[4] 교육자들은 과장과 허세로 존경을 받으려고 노력하였으므로 작은 일을 과장하고 큰 일을 경시하는 당시의 학교를 예수님은 찾지 않으셨다고 기록하였다.

"유대나라의 소년들은 아주 어렸을 때부터 랍비들이 만든 규례들로 둘러싸여 있어서 생애의 가장 사소한 면까지, 모든 행동을 제한하는 엄격한 규정이 세워져 있었다."[5] 회당의 교사들의 지도 하에서 정통적인 이스라엘 백성이라면 준수해야 할 무수한 규칙들을 배워야만 했다.

그러나 어려서부터 예수는 이런 문제에 무관심하였다. 그는 유년시대부터 랍비의 규칙에 구애받지 않고 행동하였다. 그는 늘 오직 구약 성경을 연구하면서, "여호와가 이같이 말하노라."는 말씀이 언제나 그의 입술에서 떠나지 않았다. 당시 사회의

| 랍비의 규례를 배우는 유대소년 |

규칙과 하나님의 율법이 언제나 상충되는 형편이었다. 사람들은 말씀에서 떠나서 그들 자신이 만든 이론을 따르는 데 더 열심이었다. 그들은 아무런 가치도 없는 유전적 의식을 지키는 한심한 상태였다.

그들의 예배는 한낱 의식의 반복에 불과했다. 예배가 의도한 거룩한 진리는 숨겨졌다. 오늘날에도 여전히 하나님에 대한 진정한 사랑과 헌신의 정신이 결여된 예배는 매주 반복되는 습관적인 형식이요 예식에 불과하다. 그러한 예배는 아무런 평안도 주지 못한다. 진리 안에서 하나님을 섬길 때에 비로소 임하게 될 심령의 자유를 알지 못하는 문제는 그때나 지금이나 여전히 마찬가지이다.

예수는 하나님께 대한 예배의 의미를 가르치시기 위하여 오셨으며 그는 사람의 규칙과 하나님의 법도를 혼합시키는 것을 용인할 수 없었다.

예수께서 12세가 되어서 예루살렘의 유월절 예배에 참석하였을 때, 랍비들이 예수께서 그들의 학교에서 교육을 받지 않았다는 것을 알고 예수를 학생으로 삼아서 장차 이스라엘 나라의 교사로 만들기를 원했다고 한다.[6] 그들은 예수의 예언에 대한 이해가 오히려 그들을 훨씬 능가하는데 대하여 이해할 수가 없었다. 그들은 이 생각이 깊은 갈릴리의 어린이가 장래성이 매우 많다는 것을 인정하고 이 독창적인 재능을 그들의 뜻대로 형성해야 한다고 생각하고 예수의 교육을 책임지기를 원했다고 한다.

그러나 예수는 랍비교육을 단호히 거부하였고 그것이 결국은 십자가를 초래한 근본적 원인이 된 갈등의 시초가 되었다.

4복음서를 읽어보면 그 내용의 상당부분이 예수와 바리새인의 갈등으로 점철되어 있음을 쉽게 알 수 있다.

마태복음 22:36에 "한 율법사가 예수를 시험하여 묻되" 어느 계명이 더 큰 것이냐고 질문했다. 바리새인들은 모든 율법의 계명들을 그 중요도에 따라 순서대로 배열하려고 하였다. 두 계명이 상충되는 경우에는 '더 큰' 계명을 지키기 위하여 '더 작은' 계명의 요구는 면제해 주었다고 한다. 마태복음 23:23의 "율법의 더 중한 바"라는 표현도 율법의 세부사항을 경중을 따져서 세밀하게 규정해 놓은 랍비들의 규례를 연상시키는 것이다. 마태복음 5:19의 "이 계명 중에 지극히 작은 것 하나라도"라는 예수의 표현도 역시 율법을 상대적인 중요도에 따라 세밀하게 배열해 놓아서 사실상 가장 중요한 율법의 요구라도 교묘하게 회피하는 수단을 고안해 놓고, 어떤 행동에 대한 허락이나 금지의 권한은 오직 랍비들만이 가지고 있다[7]는 바리새인들에 대한 통렬한 고발이었다. 5:20의 "의(義)"는 율법의 자구에 대한 외적인 집착을 나타내준다. 그들은 자신의 행위의 분량에 따라 심판을 받는다고 믿었다. 선한 행동이 악한 행동보다 많으면 그것이 곧 "의"라는 것이다. 그에 더하여 악한 행동을 보충하기 위하여 "행함에 의한 의"의 제도를 규정하였으며, 자신의 행동기록에서 불리한 면을 능가할 만큼 충분한 공로를 쌓으면 결국 구원을 받을 수 있다고 가르쳤다.[8] 바리새인은 자신의 의를 양(量)으로 표시하려고 하였고 자신의 공로를 셀 수도 있었다.[9] 중세 말에 면죄부를 팔면서 죄를 돈으로 갚으라고 했던 부패한 교회의 행태도 행함의 의를 추구하는 바리새 정신이 면면하게 살아있음을 보여주는 좋은 예이다.

한 바리새인 부자법관이 예수를 찾아와서, "내가 무엇을 하여야 영생을 얻으리이까? ……이 모든 것을 내가 지켰나이다"(눅 10:35)고 질문을 하였다. 그는 가장 높은 수준의 도덕을 완벽하게 지킨 사람이었고, 율법을 범하지 않으려고 갖은 애를 나 쓰며 살아온 사람이었다.

바리새인들은 고의로 또는 부지 중이라도 율법을 범하지 않으려고 '율법의 울타리'를 구전으로 전달하여 왔다.[10] 그렇게 함으로써 점점 더 많은 수의 규칙이 만들어질 수밖에 없었다. 그 중에 대표적인 것이 안식일 규정인데 39 × 39 = 1,521가지 세칙을 가지고 있었다. 그 39가지의 제목을 열거하면, 1) 바느질 2) (밭)가는 일 3) 농작물을 거두어들이는 일 4) 곡식단 묶는 일 5) 타작 6) 곡식 등을 까부는 일 7) 곡식이나 거두어들인 것들 가운데서 좋은 것과 버릴 것을 고르는 일 8) 곡식 등을 가는 일 9)체질 10) 반죽 11) 빵을 굽는 일 12) 양털 깎는 일 13) 그것을 빠는 일 14) 그것을 치는 일 15) 그것에 물들이는 일 16) 실을 잣는 일 17) (실 따위를) 엮는 일 18) 두 개의 고리를 만드는 일 19) 두 개의 실을 엮는 일 20) 두 개의 실을 푸는 일 21) 묶는 일 22) 푸는 일 23) 두 조각을 꼬매는 일 24) 두 조각을 꼬매기 위해 찢는 일 25) 사슴을 덫으로 잡는 일 26) 그것을 도살하는 일 27) 사슴의 거죽을 벗기는 일 28) 그것에 소금을 치는 일 29) 그 가죽을 가공하는 일 30) 그것을 반반하게 만드는 일 31) 그것을 자르는 일 32) 두 글자를 쓰는 일 33) 두 글자를 쓰기 위해 두 글자를 지우는 일 34) (건물을) 짓는 일 35) 그것을 부수는 일 36) 불을 끄는 일 37) 불을 켜는 일 38) 망치질 39) 물건을 한 곳에서 다른 곳으로 옮기는 일 등이다.[11]

요한복음5:12의 베데스다 연못가의 38년 된 병자를 고쳐 주면서 "일어나 네 자리를 들고 걸어가라"는 예수의 명령은 안식일의 금지사항 중 마지막 규정을 어긴 것이고 바로 그 일 때문에 병에서 고침을 받은 자와 바리새인들 사이에 시비가 시작되었다.

"모세의 율법을 어기지 않으려고 사람이 안식일에도 할례를 받는데, 내가 안식일에 사람의 온몸을 성하게 해주었다고 해서, 어찌하여 너희가 나에게 분개하느냐?"(요7:23)고 예수께서 항의하신 일이 있다. 모세의 법을 따라서 8일 만에 할례를 받게 하는데 할례받는 날이 안식일이 되는 경우는 안식일이라 할지라도 할례를 주도록 랍비들이 결정하였다. 안식일에 할례받는 것 자체가 안식일을 범하는 것은 아니지만 문제가 된 것은 할례를 주기 위해 할례에 사용될 도구를 운반하고 그것을 사용하는 것이었다.

이러한 안식일 규정을 포함하여 정통적인 이스라엘 백성이라면 준수해야 할 무수한 규칙들인 유대구전법을 총집대성한 것이 바로 '미쉬나(Mishnah)'이다. 당시 유대인들에게 있어서 율법이란 모세를 통해 주어진 기록된 율법뿐만 아니라 소위 장로들의 유전이라는 것이 있었다. 이것을 '미쉬나'라고 하는데 랍비와 장로들의 가르침을 수백 년 동안 모아놓은 것이다. 여기에는 율법을 구체적인 세부규범으로 발전시키고 실생활에 적용시킨 것들이 들어 있다. 원래 '암송', '연구'라는 의미를 가지고 있는 미쉬나는 작은 글자로도 700페이지가 넘었는데 서기관들과 랍비들은 이것을 암기하고 다녔다. 미쉬나를 주석한 것이 게마라이고, 탈무드는 미쉬나와 게마라로 이루어져 있다.

미쉬나는 총 6부분 명령집(orders)으로 이루어져 있는데, 각 부분은 7 내지 12개의 소단락(논총, tractate)으로 나누어지고, 이것은 523개의 장으로 나뉘어져 있으며, 각 장은 5~10개의 율법 문서로 구성되어 있다. 그 총 6부분은 다음과 같다.[12]

1. 제라임(zeraim, seeds)-농사와 관계된 법률
2. 모에드(moed, seasons)-안식일과 축제일
3. 나심(nashim, women)-결혼, 이혼, 가족법
4. 네지킨(neziqin, damages)-형법과 민법
5. 코다심(qodashim, holy things)-희생제사와 음식법
6. 토호롯(tohorot, puurification)-의식적인 부정과 정결에 관한 법

각 부분에 따른 구체적인 규정의 예를 몇 가지만 들어보면, 나무 꼭대기나 벽 꼭대기에서 일하는 사람도 기도를 드릴 수 있는가? 안식년에 채석장을 채굴하거나 우물을 파는 것이 가능한가? 어떤 사람이 집에서 발가벗고 보리 반죽을 빚어 제사를 드리면 이것은 정결한 제사인가? 안식일에 매듭 묶는 일은 허용되는 일인가? 아내가 밥을 태운 이유로 이혼이 가능한가? 신성모독의 죄를 범한 자는 어떻게 죽여야 하는가? 태워 죽이는가? 돌을 던져 죽이는가? 목을 자르는가? 아니면 목졸라 죽이는가? 사

람이 쥐를 만지면 부정하게 되는가? 정결한 새의 알에 부정한 새가 앉아도 그 알은 정결한 것인가? 개가 시체의 살을 먹고 어떤 집의 문 앞에 누워 있으면 그 집은 부정해지는가? 하는 내용들이다.

마가복음 7장의 결례의식 문제도 미쉬나의 6번째 명령집에 의하여 식사 전에 반드시 손을 씻어야 한다는 조항 때문이었다. 그런데 실제로 손을 어떻게 씻어야 할까? 어떤 사람은 물을 많이 떠다 놓고 흘리면서 씻을 수도 있고, 어떤 사람은 고양이 세수하듯이 씻는 사람이 있는가 하면, 또 어떤 사람은 한 번 씻는 것으로는 부족해서 씻고 또 씻는 사람도 있을 수 있다. 하지만 하나님이 명하신 결례를 행하는 데 있어서 아무렇게나 씻어서는 안 되고 정한 규례대로 씻어야 한다고 생각할 수도 있다. 그러다 보니 손을 씻을 때의 규례, 발을 씻을 때의 규례, 이런 식으로 수많은 규례가 생겨난 것이다.

이 정결규칙은 일생을 배워도 다 배우지 못할 만큼 무수히 많아서 유대인들은 씻음과 정결의 끝없는 반복을 통하여 의식적인 부정에 대한 긴 투쟁에서 벗어나지 못했다. 하나님이 요구하지 않는 쓸데없는 구별의 규칙에 얽매어서 정작 하나님의 율법의 대원칙은 무시하는 것이었다. 이 결례의식을 무시하면 사형에 해당하고, 현세와 내세에서 형벌을 받는다고 가르쳤다.[13]

그런데 예수가 하는 행동은 사사건건 이 미쉬나에 위배되는 것이었다. 유대인들의 출애굽기 주석인 메킬타의 출31:14와 미쉬나 산헤드린7:8은 경고에도 불구하고 의식적으로 안식일을 어기는 사람은 사형을 당할 것을 기록하고 있다.

예수가 당대 랍비들과 사사건건 대립하고 다툰 것은 매우 치

명적인 일이었고 결국 그를 십자가로 몰아갔다.[14]

재미있는 것은 현대유대인들이 여전히 안식일규정에 묶여서 안식일에는 엘리베이터의 버튼을 누를 수도 없고 전화를 사용할 수 없는 점에 착안하여, 예루살렘에 있는 과학-율법연구소에서 간접적으로 버튼을 누를 수 있는 장치를 고안해내서 '안식일 엘리베이터', '안식일 전화', '안식일 시계' 등을 개발하여 유대인들에게 보급했다는 사실이다.[15]

3 한국교육을 위한 새소식

예수의 어린 시절 교육에 대하여 "그분께서는 하나님께서 지정해 주신 자료들을 통해 교육을 받으셨다. 유용한 일, 성경 공부, 천연계, 인생 경험, 다시 말해 스스로 손을 내밀고 눈을 떠서 이해하려고 하는 사람은 누구든지 충분한 교훈을 얻을 수 있는 하나님의 교과서들을 통해 직접 배우신 것이다"[16]라는 것은 이미 3장에서 보았다. 여기에 나오는 하나님이 지정해 주신 자료 네 가지를 영어로 살펴보면, Nature(천연계), Experience of Life(인생 경험), Useful Work(유용한 일), Scripture(성경)가 된다. 이 네 가지의 두문자를 따면 Nature의 N, Experience의 E, 그리고 Useful Work에서는 W를 따고, Scripture의 S를 따서 NEWS가 된다. 바로 여기서 The NEWS of Jesus(예수의 새소식), 또는 The NEWS of Education(교육의 새소식)이라는 개념이 탄생하는 것이다.

1) 한국인과 유대인의 교육 비교

1895년 고종황제는 교육입국(敎育立國) 칙령을 내렸다. "교육을 통해 나라를 세운다"는 근대화의 몸부림 속에서 그때부터 근대적인 학교들이 설립되었다. 우리 조상들은 "나는 못살지만 자식들은 잘살아야 되겠다. 그러려면 교육을 시켜야 되겠다"는 일념으로 교육에 모든 것을 걸었다. 이것이 우리 민족의 힘이고 남들이 200년 이상 걸려서 이룩한 산업화와 민주주의를 불과 30여년 만에 해치운 원동력이 되었다.

용산에 있는 전쟁기념관을 관람하면서 가장 감동스러운 장면은 한국전쟁 중의 피난학교들의 모습을 만들어 놓은 미니어츄어 모형이다. 한쪽에서는 포성이 울리는 살벌한 전장터에서도 우리 민족은 커다란 떡갈나무 아래서 부서진 칠판 쪼가리를 하나 걸어놓고 땅바닥에 나뭇가지로 글을 쓰는 어린이들을 가르친 것이다.

오죽하면 치맛바람이라는 용어가 교육과 관련된 가장 널리 쓰이는 단어 중의 하나일까? 세계 최고의 교육열을 자랑하는 민족이다. 부모는 굶어도 자식은 가르쳐야지라는 거의 신앙에 가까운 신념을 아무도 꺾지도 못하고 탓하지도 않는다. 이것이 바로 한국 근대화의 원동력이 되었음을 세계가 인정하고 있다.

1964년 경기중학교 입학시험 자연과목에 출제되었던 "엿기름 대신 넣어서 엿을 만들 수 있는 것은 무엇인가"(정답: 디아스타제)라는 문항에 무즙이라고 답했던 38명이 불합격되자 그들의 어머니들이 모여서 무즙으로 엿을 만들어서 당시 문교부에 항의함으로써 38명 전원 합격자 처리할 수밖에 없었던 그 유명한 무즙 파동도 오직 우리나라에서만 일어날 수 있는 사건이었다.

그러면 치맛바람을 영어로 표현하면 무엇일까? Jewish Mom (유대인 엄마)라고 할 수 있을 것이다. 이 용어는 유대 가족주의와 자녀를 위한 희생정신을 표현한다고 할 수 있지만 한편 그만큼 유대인들도 우리 민족 못지 않게 교육열이 높다는 것을 간접적으로 보여준다. 아니 오히려 우리보다 교육열이 더 높다고 하는 것이 옳을 것이다.

유대인 가정은 안식일 시작 10분 전에 촛대에 불을 밝히는 유대인 어머니로부터 시작한다. 유대인의 혈통은 우리와는 달리 모계를 따른다. 유대인 자녀는 양부모 중 어머니가 유대인이어야 유대인이다. 아버지가 아무리 훌륭한 유대인이라 해도 어머니가 이방인 여성이면, 그 자녀는 유대인이 아니다. 그만큼 유대인에게는 어머니가 중요하다.

어머니의 자녀교육 시기는 아이를 낳기 전 뱃속의 태아부터 시작이 된다. 그리고 어머니는 자녀를 낳은 후 자녀가 철들기 전에도 자녀에게 종교생활로 자녀의 신앙이 형성되도록 돕는다. 이러한 신앙교육 방법은 믿음의 어머니 몫이다. 따라서 어

| 안식일에 촛불을 켜는 유대인 어머니 |

머니는 자녀에게 신앙을 전수시킨다.

'어머니'란 히브리어 단어는 '엠'이다. 어머니에 해당하는 '엠'은 '신앙' 혹은 '믿음'을 뜻하는 '에무나'와 '진리'를 뜻하는 '에메트'와 같은 어원을 가지고 있다. 또한 기독교인도 항상 사용하는 '아멘'이란 단어도 같은 어원이다.[17] 특히 유대인은 '아멘'이란 단어를 축복의 말씀을 받을 때나 혹은 축도 후 그 내용에 대한 확인 혹은 동감을 표하는 대답으로 사용한다. 따라서 가정에서 어머니는 가족의 신앙, 진리, 아멘의 역할을 담당한다고 볼 수 있다.

어머니의 신앙과 자녀의 신앙 사이에는 어떠한 관계가 있는가? 왜 어머니는 자신의 신앙을 자녀에게 전수시켜야 하는가? 이 질문에 답하기 위하여 하나님이 여성을 창조할 때 부여하신 여성의 의무를 알아보자. 창세기 3:20에서 아담이 그 아내에게 하와란 이름을 지어주었다. 아담과 하와가 타락한 이후였다. 아담과 하와가 타락하기 이전에는 둘 다 사람으로 불려졌다(창 1:27). 다시 말하면 타락하기 이전에는 하나님의 형상을 닮은 '사람'이란 단어 속에 남자와 여자가 포함되어 있다. 그러면 '왜 타락한 이후 아담이 자신의 아내 이름을 하와라고 불렀을까'와 '하와란 단어에는 무슨 뜻이 있는가'를 알아보자. 첫째, 아담이 '하와'라고 부른 이유는 하와가 "모든 산 자의 어머니"가 되었기 때문이다(창3:20). 이 말은 모든 인간은 어머니를 통하여 이 세상에 태어나게 되고, 하와는 모든 어머니의 대표란 뜻이다.

둘째, 하와란 단어의 뜻에는 '여성의 의무'가 나타난다. '하와'란 히브리 단어는 생명을 주는 자'란 뜻을 가지고 있다. 당시 아담과 하와가 타락한 이후에는 인류는 죽어야 했다. 그러나 하나님은 인간 개개인은 죽되 인류 전체는 계속 살아 움직이기를 원하셨다. 인류의 종족이 보전되는 유일한 방법은 여성이 아기를 낳는 것이다. 여성은 생명을 주는 것이다. 유대인 정통파 랍비 허쉬는 "어머니는 자녀에게 육신적인 생명만 주는 것이 아니고, 영적 생명인 신앙을 주는 사명도 갖고 있다"고 설명한다. 즉 어머니는 자녀에게 육신적인 생명과 영적 신앙을 전수해주어야 할 책임이 있다.[18]

1900년대 초까지 뉴욕의 유대인 빈민가(게토)가 흑인 우범지역 할렘 옆에 있었으나 오늘날에는 유대인 게토는 찾아볼 수 없다. 그것은 바로 교육의 힘이었다. 세계적인 유대인 천재들이 매년 평균적으로 노벨상의 3분의 1을 수상한다. 세계 인구의 0.3%가 노벨상의 30%를 수상해 가는 것이다. 아인슈타인 등의 학자들, 원자탄을 개발한 오펜하이머, 지그문드 프로이트, 에릭 에릭슨, 로렌스 콜버그, 아브라함 마슬로우 등의 심리학자들, 칼 마르크스, 마틴 부버, 에리히 프롬, 스피노자 등의 사상가들, 헨리 키신저, 벤자민 디즈레일리, 레프 트로츠키, 메들린 올브라이트 등의 정치가들, 레너드 번스타인, 멘델스존, 마르크 샤갈, 모딜리아니, 루빈스타인 등의 예술가들, 스티븐 스필버그, 찰리 채플린, 더스틴 호프만, 바브라 스트라이샌드, 우디 앨런 등의 영화인들이 모두 유대인들이다.[19]

오늘날 이스라엘 땅에 가면 집단농장인 키부츠를 어디서나 볼 수 있다. 이 키부츠는 바로 이스라엘의 교육센터이다. 그런데 키부츠 안에 있는 어린이 놀이터는 마치 고물상 앞마당을 방불한다고 한다. 세상의 온갖 잡동사니들을 다 모아놓고 어린이들로 하여금 마음놓고 뜯어보고 다시 조립하고 그 물건들을 속속들이 들여다 보고 연구하는 것이 그들의 놀이라는 것이다. 새로운 창조에는 반드시 분석이 앞선다. 분석은 어떤 의미에서 일종의 파괴다. 새로운 자동차를 만들려고 할 때 자동차회사는 경쟁회사의 자동차를 사서 분해하여 이를 분석한다. 어린이가 새로운 장난감을 부수는 것은 창조본능의 발로이다. 물론 아이들에게는 충동적 파괴 본능도 있다. 그러나 그 파괴본능의 내면에는 무언가를 찾아내려는 창조력이 작용하고 있다는 것을 잊어서는 안 된다. 어린이가 물건을 부수고 더럽히는 것을 억제하지 않는 것은 인간의 순수한 원형(原型)인 어린이를 어린이답게 하는 결과를 낳을 수도 있다. 이것이 바로 실생활교육이다. 유용한 일과 인생경험을 천연계 속에서 자연스럽게 영유할 수 있도록 하는 것이다. 유대인들은 바로 교육의 새소식(NEWS)을 지금도 실천하고 있는 것이다. 그들은 그리스도를 메시아로 인정하지도 않고 기독교를 종교로 받아들이지 않고 있지만 엘렌 화잇이 묘사한 어린 예수가 받은 교육을 지금도 이어받고 있다는 사실이다.

2) IQ와 EQ의 차이

뉴욕타임스의 행동 및 두뇌과학 분야 전문기자였던 다니엘 골만(Daniel Goleman)이 '감성지능(EI: Emotional Intelligence)'라는 새로운 개념을 소개한 것이 1995년 10월이었다. "사회에서의 성공을 위해서는 '지능지수(IQ)보다 '감성지수(EQ)'가 더 중요하다"면서 "IQ는 성공에 10%만 기여한다"[20]는 그의 주장은 많은 반향을 불러일으켰다.

EQ는 Emotion(감성)과 Quotient(지수)를 합한 신조어였다. 그

때부터 IQ보다는 EQ 교육이 더욱 중요하다는 것이 거의 정설이 되었다. 그리고 여성이 남성보다 EQ(감성 지수)가 풍부하다는 사실은 자녀교육에 있어서 어머니의 중요성을 더욱 강조하는 계기가 되었고 전통적인 유대인 가정의 모계교육의 우수성을 입증하는 또 하나의 사례가 되었다. 유대인과 타민족의 지능을 비교한 연구 결과에 의하면 지능에서 별 차이가 없다고 한다. 그럼에도 유대인 중에는 창의력이 뛰어난 사람이 많다는 것이다. 이처럼 유대인들 중에 창의력이 뛰어난 사람이 많은 까닭이 무엇일까? 그 해답은 유대인의 가정교육에서 찾을 수 있다.

한 가정에서 사상교육은 아버지의 역할이고, 정서교육은 어머니의 역할이다. 어머니의 사랑, 정서, 눈물이 있는 가슴은 그래서 중요하다. 최근에 발견된 새로운 사실은 좋은 정서는 사상에도 지대한 영향을 미친다는 것이다. 그뿐만 아니라 정서지수가 높으면 분석적인 사고도 높고, 상상력도 풍부하여 창작력 발달에도 커다란 도움을 준다. 유대인은 자녀에게 정서가 풍부하도록 교육을 시킨다. 정서가 풍부한 사람들은 노래와 시를 사랑

한다. 따라서 유대인은 노래와 시를 사랑한다. 구약성경 전반에 걸쳐서 많은 하나님의 말씀이 유대인을 통하여 시라는 문학형태로 전달되었다. 특히 문학서와 선지서는 거의 시의 형태로 씌어졌다. 유대민족이 타민족보다 정서지수가 높고, 정서가 풍부한 것은 하나님의 성품을 닮은 것이다. 즉 하나님은 눈물과 사랑의 정서가 풍부하신 분이다.

우리나라에서 1960년대 천재로 보도됐다가 잊혀진 당시 '천재소년' 김웅용이 최근 다시 뉴스에 등장했다. 그는 '1980년판 기네스북 세계 최고 지능지수 (IQ 210) 보유자', '5세 때 4개 국어를 구사하고 6세 때 일본 후지 TV에 출연해 수학 미적분을 척척 풀어낸 신동'이라고 했다. 그의 천재성 때문에 한때 우리나라에서는 IQ 검사가 붐을 일으켰고 IQ가 인생의 성공을 보장해주는 듯이 신드롬을 일으켰다.

그가 1978년 갑자기 미국생활을 접고 귀국하고 1981년 국내 지방대에 입학하자 언론은 그를 '실패한 천재'라고 다시 딱지를 붙였다. 그는 전공을 토목공학으로 바꿔 박사 학위를 받았다고 한다. 그후 국토환경연구소 연구위원으로 일하면서 국내 대학 등에서 강의를 하고 치수와 수리학분야 논문 90여 편을 게재했다고 한다. 언론보도에 의하면, 그는 올 들어 세계적으로 권위 있는 3대 인명사전에 모두 이름을 올리면서 '세계의 지성'으로 인정받게 됐다는 것이다. 미국인명연구소(ABI)의 '21세기 위대한 지성(Great Minds of the 21st Century)'에 선정됐고 올 상반기에는 미국 마퀴스 세계 인명사전(Marquis Who's Who in the World) 23판과 영국 케임브리지 국제인명센터(IBC)가 선정하는 '21세기 우수 과학자 2000'에 이름을 올렸다고 한다.

그가 IQ뿐만 아니라 당시에는 개념조차 없었던 EQ도 높았더라면 언론으로부터 '실패한 천재'라고 불리면서 당했던 많은 고통을 쉽게 이겨낼 수 있었을 것이다.

한국인은 IQ 위주의 교육을 시켜왔다. 그러나 EQ가 없는 IQ는 국제사회에서 쓸모가 없다. 첫째는 IQ만 발달된 사람은 그 IQ를 자신의 영욕만을 위해서 사용한다. 이런 사람은 타인에게 유익을 주기도 하지만 자칫 잘못하면 타인에게 아픔을 줄 수도 있다. 왜냐하면 정서가 결핍된 상태에서 IQ만 높은 사람들은 선악 간의 분별력도 없을 뿐더러, 남을 무시하며 남을 돕고자 하는 사랑이 결핍되어 있기 때문이다. EQ가 잘 발달된 사람은 IQ도 발달되어 있다. EQ가 잘 발달된 사람은 자신과 사회에 유익을 줄 뿐만 아니라 인간관계도 좋은 사람이다.

유아에게 먼저 EQ 교육을 시킨 후에 IQ 교육을 시키는 것이 유대인의 방법이다. 인성교육 위주의 EQ 교육을 튼튼하게 한 후에 생활에 필요한 현대교육을 시키는 것이 유아에게 좋은 성품을 갖고 사정과 사회에 유익이 될 수 있는 인물이 되도록 기초를 다져주는 것이다.[21] 유아교육에 있어서 반드시 따라야 할 모델이라고 할 수 있다.

3) 한국인을 위한 쉐마 교육

신명기6:6-7의 "오늘날 내가 네게 명하는 이 말씀을 너는 마음에 새기고 네 자녀에게 부지런히 가르치며 집에 앉았을 때에든지 길에 행할 때에든지 누웠을 때에든지 일어날 때에든지 이 말씀을 강론할 것이며"라는 쉐마 교육은 오늘 한국에 꼭 필요한 교육이다.

이 말씀은 시간(어느 때든지)과 장소(어디서든지)를 불문하고 교육할 것을 명하고 있음을 이미 보았다. 유대교육 방법 가운데 특이한 것은 '아이가 잠들기 전에 성경 말씀을 읽어주어라'는 것이다. 즉 베갯머리 이야기(Bed-Time Story)이다. "누웠을 때에든지"를 그대로 실천하는 것이다.

이스라엘 아이들은 돌이 지나면 누구나 침대 머리맡에서 부모가 책 읽어주는 소리를 들으면서 하루를 마친다. 그들은 '베갯머리 이야기'를 부모의 의무이자 일과로 여긴다. 베갯머리 이야기는 무엇보다도 아이의 언어발달에 도움을 준다. 책에 나오는 무수한 단어들, 아름다운 문장들과 접촉하니 어휘력이 발달할 수밖에 없는 것이다. 더구나 이야기를 듣는 동안 아이들은 추상적인 개념들도 자연스럽게 익히며, 여러 가지 감정적 경험을 하게 된다. 이야기를 들려 준 뒤, 그 느낌을 나누는 과정도 중요하다. 이 과정에서 아이들은 사고력도 키우고 책읽기와 표현하기, 글쓰기에도 익숙해진다. 또 부모-자식 간의 신뢰와 애정을 더 깊게 하여, 자녀가 자란 후에도 가족관계를 긴밀히 유지하는데 도움이 된다.

'재미있는 성경 이야기(The Bible Story)'와 '아더 아저씨의 베갯머리 이야기(Uncle Arthur's Bedtime Story)'를 쓴 아더 맥스웰(Authur Maxwell) 목사는 슬하에 4남 2녀를 두었는데 그들은 어려서부터 정통 기독교교육을 받으면서, 아빠 아더의 Bedtime Story를 들으면서 성장하였다. 오늘날 그들은 세계적 석학들이다. 맬콤 맥스웰은 미국 퍼시픽 유니온 대학장을 역임했고, 마빈 맥스웰은 앤드류스 대학에서 오랫동안 교수를 하다가 은퇴하였으며, 그래함 맥스웰은 최고의 설교가 중의 하나로 인정받고 있다.

한편 우리나라에서는 최근 '학위사냥꾼'이라는 풍조가 생겼다. 대표적인 행동양식은 졸업기피증이다. 어차피 졸업해봐야 취업할 곳이 없으니까 뚜렷한 목표도 없이 전공을 바꿔가며 공부만 계속하면서, 공부한다는 핑계로 모든 책임으로부터 벗어나 유예기간을 늘려간다. '졸업하고 갈 데가 없으면 대학원 가면 되지', '유학이나 가버릴까?' 유학 가서도 쉽게 대학을 옮길 수 있는 점을 이용해서 끊임없이 옮겨 다니며 유학기간을 연장하는 사람들이 늘고 있다는 것이다.

이들은 또한 '캥거루족'이기도 하다. '어른 되기가 너무 싫나요.' 하면서 어른 노릇을 못 하는 어른들을 일컫는 용어이다. 캥거루는 태반발달이 나빠서 1~2cm짜리 미숙아를 출생한다고 한다. 그런 후에 6개월에서 1년 정도 육아낭에서 성장시킨 후에 독립을 시키는데, 이러한 캥거루의 육아 패턴이 바로 한국의 많은 가정에서 반복되고 있다. 한국의 부모는 자녀를 위해 평생 애프터 서비스를 하는 존재가 되어버렸다. 아이들이 대학을 졸업하고 직장 다닐 때까지의 뒷바라지는 모두 부모의 몫이다. 그것으로 끝나지 않는다. 아이들의 혼사(婚事) 준비나 분가(分家) 후 전셋집이라도 마련해주는 것도 부모의 의무이다. 냉장고 애프터 서비스는 3년으로 끝나지만 아들・딸에겐 평생 애프터 서비스이다.

사회에 나갔다가 적응하지 못하고, 멀쩡한 직장을 그만두고 부모의 집으로 '컴백 홈'하는 아들이, 처자식까지 데리고 들어오면 며느리 용돈까지 신경을 써야 하고, 은퇴할 나이에 자식 교육비, 손주 양육비까지 부담해야 하는 경우가 된다. 도대체 한국 부모의 자식에 대한 책임은 어디까지가 그 한계인지 모르겠다.

| 캥거루족 |

더구나 요즘 젊은이들은 소비만 아는 풍요로운 세대이다. 사치까지는 아니더라도 기본적으로 휴대전화요금, 인터넷 전용회선비, 게임방 비용 등 엄청난 생활비가 필요하다.

과거에는 정치 · 경제 · 문화 등 모든 면에서 부모들이 선도하고 자녀들은 뒷전이었다. 그러나 요즘은 취향과 감각에서 앞서는 젊은이들이 부모들이 퍼주는 돈을 바탕으로 시장의 주도권을 쥐어버렸다. 연예가 주류(主流)를 이루는 문화 면에서도 젊은이들이 선도 집단이 된 지 이미 오래다. 이러한 현상을 「세대 덮기」현상이라고 한다.

대부분의 분야에서 젊은이들의 목소리는 엄청나게 세지며 부모를 능가하는 「세대 덮기」현상이 나타나서 부모들은 결국 자식들에게 존경은 받지 못한 채 돈만 대는 신세로 전락하고 말았다.

유대인은 세대 차이가 없는 것으로도 유명하다. 1948년 현대 이스라엘이 독립국가를 세우고 팔레스타인에 모여들었을 때,

그들이 스스로 놀란 것은 유대인들은 삼대에 걸쳐, 즉 할아버지 세대로부터 손자 세대까지 거의 똑같은 가치관과 생활양식을 가지고 있다는 사실이었다고 한다.

돈 버는 것은 나중 일이니 '공부나 하라.'면서 끊임없이 공부만 강요한 부모들에게 일차적인 책임이 있다. 대학생이 되어도 부모로부터 학비는 물론 용돈까지 받아쓰는 것을 부끄럽게 생각하는 사람이 별로 없다. 자라는 동안 돈 버는 법을 배울 기회도 없었고, 과외나 아르바이트를 빼놓고는 마땅히 돈을 벌 만한 기회도 없기 때문이다.

인생은 단거리 경주가 아니라 마라톤에 비유된다. 그러나 우리 부모들의 과잉보호는 단 1m라도 자식의 출발점을 앞에 놓으려는 안쓰러운 집착에서 생긴다. 부모들은 왜 그렇게 거액을 희생해 가면서 자녀교육에만 모든 것을 걸고 있을까? 막상 "그냥 해야 하는 일이라고 생각할 뿐 특별히 자식에게 바라는 것은 없다."고 대답한다. 요즘 아이들은 「부모는 당연히 그렇게 해주는 존재」라고 무심(無心)하다. 또래들이 비슷한 생활을 하다 보니 특별대우를 받는다는 생각도 없다.

정답만 강요하고 과잉보호하는 부모 밑에서 인생의 목표도 없이 학원으로 과외로 내몰려 다니는 아이들은 틀린 답에 대한 공포를 너무 일찍 알아버렸다. 남과 다른 특별한 개성과 창의성은 무시되고 부모가 판단하고, 정답을 찍어주는 데 익숙한 아이들은 정체감을 상실해 가고 있다. 대학생 자녀의 학점 때문에 교수를 찾아가는 부모가 있는가 하면, 취업고사장에까지 부모가 기다리는 과잉보호가 만연하고 있다.

인간은 남에게 간섭받기 싫어하는 본성을 갖고 있다. 그런데 우리 교육은 자꾸 간섭을 하고 못 하게 한다. 자율성은 철저히 말살되는 것이다. '그게 아니다.', '하지 말라.'는 식의 교육의 결과는 끝없는 의존일 수밖에 없다. 부모가 결국 캥거루족을 길러내는 것이다. 유대인들의 육아법을 종합적으로 검토해 보면 그 핵심은 두 가지로 집약할 수 있을 것이라고 한다. 그 하나는 스스로 깨닫고 스스로 일어서도록 자율성을 기르라는 것이고, 다른 하나는 개성을 존중해서 자신의 특성을 살리라는 것이다.

한국교육의 모든 길은 대학입시로 통한다. 김대중 정부의 "무엇이든 한 가지만 잘하면 대학 간다."는 교육개혁은 "무엇이든 잘해도 대학을 갈까 말까."란 현실과 "무엇이든 일단 해보자."는 강박을 낳았다. 내신과 특기, 수능, 면접, 구술까지 너무나 다양한 기준을 적용하는 현 대입제도야말로 매니저 엄마를 요구하는 결정적 요인이다. 한국에만 존재하는 엄마점수란 게 있다. 엄마들이 움직여야 하는 공급자위주 입시제도를 시급이 바꿔야 한다. 엄마들이 올라 탄 '자녀교육 성공 = 대학입시 합격'이란 궤도열차는 앞만 보고 달린다. 혼자 힘으로 궤도를 바꾸기란 난망이고, 저 혼자 뛰어내리려면 생명을 걸어야 하는 일이다.

대입논술을 위해 여섯 살짜리가 '철학' 과외를 받고, 아스피린·타이레놀 달고 살면서 "한번 실컷 자고 싶다."는 하소연을 하는 아이들이 부지기수이다. "꽉 막힌 세상, 답답하다. 외롭다. 죽고 싶다."는 글을 남기고 자살한 어느 초등학교 5년생의 이야기는 남의 이야기가 아니다.

대니 서라는 재미동포 청년이 있다. 그는 12살 생일날(지구의 날인 4월 22일), 친구 7명과 '지구 2000'이라는 단체를 조직하면서 환경운동을 시작했다. 1995년 알베르트 슈바이처 인간존엄상을 수상했고, 1998년 미국 피플(People)지의 '세계에서 가장 아름다운 50인'으로 선정되었다. 뉴스위크(Newsweek)지는 "세계에서 가장 경이로운 22살의 소년"이라는 특집기사를 냈다.

그는 고교 졸업 시 170명 중에서 169등으로 졸업을 했다. 그러나 그는 현재 스탠포드 대학 강사이며 환경운동가, 동물보호론자, 시민운동가이고 '행동하는 세대'를 비롯한 여러 베스트셀러의 저자이기도 하다.

그가 코흘리개 친구들과 함께 시작한 운동들은 백화점 모피상가 몰아내기, 초중등학교 개구리 해부실험 거부운동, 사랑의 집짓기 등 다양한 환경운동과 사회활동을 위한 모금운동 등이다.

최근 한국을 방문한 대니 서는 "한국의 10대도 공부에만 너무 매달리지 않고, 다양한 활동에 참여할 수 있는 분위기가 됐으면 좋겠어요."라는 말을 남겼다. 또한 "인생의 성패는 학벌이나 지능(IQ)이 아니라, 감성(EQ)과 독립심일 것입니다."라고도 했다.

주

1. kcm.co.kr/ency/place/0139.html.
2. 미쉬나, Avot 5:21; 창세기 랍바 63:14; 미쉬나, Hagigah 1:1.
3. 엘렌 G. 화잇, 시대의 소망(서울: 시조사, 1991), 46.
4. 엘렌 G. 화잇, 교육(서울: 시조사, 1991), 68.
5. 시대의 소망, 58.
6. 시대의 소망, 53.
7. 상게서, 238.
8. 상게서, 239.
9. George R. Knight, *The Pharisee's Guide to Perfect Holiness*(Boise, Idaho: Pacific Press Publishing Association, 1992), 23.
10. Ibid., 16.
11. Jacob Neusner, *The Mishnah, A New Translation*(New Haven: Yale University Press), 179-207.
12. Ibid.
13. 시대의 소망, 308-309.
14. Knight, 25와 요하임 예레미아스, 예수시대의 예루살렘(서울: 한국신학연구소, 1988), 340 참조.
15. Newsweek(한국어판), 1994년 3월 9일자, 55-56.
16. 교육, 69.
17. NIV 구약원어대조성경 히브리어사전(서울: 도서출판 로고스, 1993), 25.
18. mission.netian.com/sourse/Jewsh Mother
19. 이영걸 편, 0.3%의 위력(서울: 일굼, 1994).
20. http://cogpsy.skku.ac.kr/cwb-bin
21. 김형태, 교육의 심리학적 이해(서울: 동문사, 1999), 161.

제5장

하늘로부터 오신 교사

THE MASTER TEACHER

이사야서 9장 6절에, "그 이름은 기묘자라, 모사라, 전능하신 하나님이라, 영존하시는 아버지라, 평강의 왕이라 할 것임이니라." 이어서 "하나님께서는 한 교사를 보내심으로 하늘의 가장 좋고 큰 것을 사람에게 주셨다."[1]라고 말했다. 예수는 하늘로부터 선물로 보냄을 받은 교사이다.

예수 그리스도는 인류 역사상 가장 뛰어난 선생이다. 복음서에서 예수를 계속 선생이라고 불렀다. 그를 따르는 청중들과, 병 고침을 받고자 하는 병자들, 제자들, 그리고 유대 지도자들까지도 모두 그를 선생이라고 불렀다.

고대로부터 이스라엘에서는 선생을 매우 중요한 위치를 차지하는 사람으로 인식하고 있었으며, 그 주변의 어떤 나라들보다도 교육의 중요성을 강조하였고 교사에게 대하여 존경심과 사회적으로 높은 지위를 부여하였다. "유대인들의 선생에 대한 존경심은 하나님 다음이었으며 아버지보다도 선생을 더 우선으로 생각하였다. 왜냐하면 아버지는 이 땅에서 잠시 동안의 생명을 주었지만 선생은 영생으로 가는 길을 인도해주기 때문이었다."[2]

복음서에는 예수를 따르는 무리들을 언급하는데 "제자"라는 단어를 사용하였는데 이 단어는 200회 이상 나타나고 있다. 당시 헬라사회에서는 선생과 제자의 관계가 가장 높고도 가까운 사랑의 연대로 인식되고 있었다.[3]

복음서를 보면 예수는 첫째로 선생으로 등장한다. 그의 청중들은 그를 선생이라고 불렀으며 그는 병자를 고치고 고난받는 자를 일으켜 세웠으나 여전히 그들은 그를 선생으로 인식하였다. 예수는 그리스도, 구세주, 그리고 주님이지만 무엇보다도 먼저 선생이었다.

선생(디다스칼로스)이라는 단어는 복음서에 48회 등장하는데 그 중에 42회는 직접적이고도 공식적인 칭호의 형태로 예수를 지칭하고 있다. 이 단어를 흠정역(KJV)에서는 주님(Master)이라고 번역하였는데 이것은 주님이라고 하기보다는 학교 선생님(School Master)이라는 뜻이 더 맞을 것이다.[4]

요한복음13장 13절에서 예수 스스로 "너희가 나를 선생이라 또는 주라하니 너희 말이 옳도다 내가 그러하다."고 인정하였다. 여기에서 "또는"이라는 표현은 "즉"이라는 뜻과 같다. 따라서 선생이라는 용어와 주라는 용어는 동격이 되는 것이다. 복음서에서 예수 자신이 5회 스스로 선생이라 불렀다(마23:8; 막14:14; 눅22:11; 요13:13-14).

예수의 제자들은 누구보다도 그를 선생이라고 많이 불렀다. 이 사실은 마가복음 4장 35-41절에서 극적으로 확인할 수 있다. 예수와 제자들이 작은 배를 타고 갈릴리 호수를 건너가는 도중에 갑자기 몰아닥친 광풍을 만나게 되고 그들은 배가 전복되어 죽음에 처하기 직전의 급박한 위기 속에서, 그 와중에도 뱃고물에 베개를 베고 잠자고 있는 예수를 흔들어 깨우면서 "선생님이여 우리가 죽게 된 것을 돌아보지 아니하시나이까."라고 외마디 비명을 지른다. 이 상황은 격식을 차리거나 예의를 갖추어서 예수를 부를 만한 여유가 없는 급박한 지경이었다. 보통 사람들은 이러한 상황에서 평소에 가장 익숙한 외마디 비명, 즉 '어머니' 등의 감탄사를 부르는 것이 당연하다. 여기서 제자들은 예수를 부를 때 늘 쓰던, 평소에 가장 익숙한 칭호를 사용하여, 가장 다급한 감탄사를 부르짖은 것이다. 따라서 그들에게 예수는 일차적으로 또한 가장 친숙한 의미로 선생이었다는 사실을 보여주고 있나.

1 선생이라고 부른 자들의 의도

니고데모, 서기관, 바리새인, 사두개인, 야이로의 하인 모두 예수를 선생님이라 불렀다. 여기서 예수를 선생이라 칭한 사람들의 의도에 대하여 살펴보면 다음과 같다:

먼저, 예수가 메시야임을 의심한 서기관과 바리새인(마12:28)이 있다. 그들은 주님의 많은 이적을 목격했음에도 불구하고도 믿지 않았다. 그들은 절대로 예수를 '주'라고 부르지 않았으며 그 대신에 선생이라 불렀다.

예수를 단순한 선지자 중 한 사람으로 생각(마12:28; 막8:12; 9:28; 요3:2)한 무리가 있었다. 그들은 예수의 표적, 이적을 구할 목적으로 그를 찾은 자들이었다.

예수를 책잡으려는 의도(마9:11; 17:24)로 그에게 접근하며 선생이라 부르는 자들이 있었다. 그들은 예수님의 가르침에 대해 항상 분과 시기가 가득한 바리새인들과 서기관들이었지만, 그들이 아무리 율법을 들먹이며 예수를 책잡으려 했어도 그는 율법에 대해 완전하신 분이었다(요9:46).

또한 예수를 시험하려는 악한 의도로 그에게 다가온 무리들이 있었다. 그들은 자신들의 생각으로 예수님을 시험하려는 악한 의도를 가졌던 바리새인과 사두개인들이었다(마22:16-18; 23-33; 34-40; 막12:14,19; 눅10:25; 20:21,28).

반면에 이스라엘의 선생, 랍비로만 알고 가르침을 얻고자 예수에게 나아온 무리들이 있었다(마19;16; 막10;17; 요3:2; 8:4,5).

또한 이스라엘 선생으로서 가르침에 동감과 존중의 표현(막12:32; 29:39)으로, 또는 이스라엘 중 존경받는 자에 대한 예의 표현으로 단순한 호칭(마8:19; 막5:35; 9:5; 눅8:49; 19:39; 9:38; 11:45)으로 예수를 선생이라고 부른 무리들이 있었다.

마지막으로 예수를 따르는 제자의 입장에서 '선생님'이란 호칭을 사용하였다(마26:18; 막4:38; 13:1; 14:14; 7:40; 21:7; 요4:31; 6:25; 9:2,1; 11:28; 20:16).

2 예수의 교육사역

'가르치다'는 뜻을 가진 디다스케인이라는 단어는 복음서에 약 50회 등장한다. 이 단어는 예수의 활동을 묘사하는데 주로 사용되고 있다. 예수는 산을 끼고 있는 넓은 평지에서(마5:1, 2), 바닷가에서(막4:1), 성전 뜰에서(막11:17)에서 가르쳤다.

그러나 무엇보다도 회당에서 가르쳤다. 사실상 갈릴리에 있는 회당에서 가르치는 일을 함으로 그의 공중생애를 시작했다(눅4:14, 15). 당시 회당은 가장 중요한 교육기관이었다. 예배, 기도, 간구, 찬송 등이 회당에서 이루어졌지만 회당의 가장 중요한 기능은 교육이었다. 회당에서의 교육은 율법과 예언서 낭독을 먼저 하고 그 후에 강론(디다스케이)이 있었다. 누가복음 4장 16-27절은 회당에서의 이 예배순서를 잘 보여주고 있다.

마태는 그의 복음서에서 다섯 번이나 "예수께서 이 말씀을 마치시매 무리들이 그 가르치심에 놀라니"(7:28; 11:1; 13:53; 19:1; 26:1)라는 표현을 반복해서 의도적으로 사용하였다. 이 구절은 예수의 다섯 가지 주요 가르침의 말씀의 끝부분에 매번 나온다. 이 가르침은 모두 천국에 관한 것이다. 다섯 가지를 요약하면 다음과 같다.[5]

1. 산상설교, 또는 천국의 원칙(5-7장)
2. 천국의 지도자들의 의무(10장)
3. 천국의 비유(13장)
4. 천국에서의 위대함과 용서(18장)
5. 천국의 임함(24, 25장)

여기 다섯 가지 가르침은 "예수께서 온 갈릴리에 두루 다니사 저희 회당에서 가르치시며, 천국 복음을 전파하시며, 백성 중에 모든 병과 모든 약한 것을 고치시니"(마4:23; 9:35; 11:1)라는 말씀으로 요약되어 있다. 따라서 이 다섯 가지 가르침은 마태복음의 중심을 이루고 있으며 예수의 사역을 먼저 언급하고 나서 그의 가르침을 제시하는 구조적 공통점을 가지고 있다.

이 다섯 가지 가르침의 한가운데 세 번 언급된 "회당에서 가르침, 천국 복음을 전파함, 병자를 고침"은 예수의 사역에 대한 가장 기본적인 요약이다. 그런데 이 세 가지의 예수의 사역은 뚜렷한 공통점을 가지고 있다. 첫째, '회당에서 가르침'은 분명히 교육사역을 지적하고 있다. 그런데 두 번째 '천국 복음을 전파함' 또한 교육과 관련이 있다. 즉 가장 대표적인 천국 복음을 전파하는 예라고 할 수 있는 산상설교는 사실상 설교(케룩스)라고 하기 보다는 가르침, 즉 교훈, 또는 교육으로 보아야 한다는 것이다. 그것은 마태복음 5장 1절의 "산에 올라가 앉으시니"라는 표현에서 이미 나타나 있으니 이 모습은 대화형식을 보여주는 것이다. 2절의 "입을 열어 가르쳐(에디다스켄) 가라사대", 역시 설교가 아니라 가르침으로 묘사하고 있다. 7장 28, 29절에는 산상설교를 마치면서 "무리들이 그 가르치심에 놀라니 이는 그 가르치시는 것이 권세있는 자와 같고"라고 기록되어 있다. 그러므로 산상설교는 교육과 선교의 결합으로 천국을 선포하는 내용이라고 할 수 있다. 마태복음 13장의 천국의 비유는 천국을 공적으로 선포한 후에 제자들에게 개별적으로 비유의 의미를 가르치는 것(10-52절)이라 할 수 있다. 천국의 선포야말로 예수가 이 땅에서 이루고자 한 첫 번째 일이었다. '천국' 또는 그와 동일한 의미인 '하나님의 나라'라는 표현이 복음서에 100번 이상 나오는 반면에 '교회'라는 단어는 20번만 나온다.[6]

예수의 세 번째 사역은 병 고침의 사역이다. 병 고침이 어떻게 교육사역과 연결되는지에 대한 좋은 예는 마가복음 1장 21-28절에서 찾을 수 있다. 예수께서 안식일에 가버나움 회당에 들어가서 가르치니 사람들이 그 교훈에 놀랐다. 마침 그 회당에 더러운 귀신 들린 사람이 소란을 피우자 예수는 그 더러운 귀신을 쫓아내었고 사람들은 "다 놀라 서로 물어 가로되 이는 어찜이뇨 권세 있는 새 교훈(디다스케이)이로다"(27절)라고 부르짖었다.

즉 여기서 병 고침조차도 가르침으로 이해하였다는 것을 보여준다.[7]

당시의 백성들에게 병 고침과 같은 이적은 매일의 일상과는 다른 하나님의 특별한 개입으로 인식되었다. 따라서 예수의 이적도 단순한 치유나 귀신을 쫓아냄보다는 하나님의 현현(顯現)으로 받아들여졌다.[8] "그러나 내가 하나님의 성령을 힘입어 귀신을 쫓아내는 것이면 하나님의 나라가 이미 너희에게 임하였느니라."(마12:28)는 예수의 말씀은 이 사실을 잘 보여주고 있다. 당시 사회에서는 병자나 귀신들린 자들은 유대인 사회로부터 격리되어 예배를 비롯한 모든 사회활동을 할 수 없도록 버림받았다. 또한 그들은 부정한 자로 취급을 받아서 보통 사람들은 접근조차 꺼려하였다. 따라서 예수의 치유의 이적은 이들을 다시 유대 사회의 일원으로 회복시킨다는 의미를 가지고 있었다. 마가복음 1장 40-45절의 문둥병자를 치유하는 기사에서 이와 같은 사실을 잘 볼 수 있다. 그에게 손을 내밀어 문둥병으로부터 깨끗하게 해주는 것만으로 끝난 것이 아니라 제사장에게 보여서 법적으로, 사회적으로 다시 복권시키는 회복이 중요한 것이었다. 그는 종교적으로, 사회적으로 다시 유대인의 일원이 되어야 하였다. 그러므로 예수의 치유는 전인적인 치유였다―육체적, 영적, 사회적으로.[9] 이러한 의미에서 예수의 병고침은 단순한 자연 현상과 관련된 이적에 불과한 것이 아니라 "권세있는 새 교훈", 새로운 가르침이라고 백성들에게 받아들여진 것이다.

이상에서 본 바와 같이 마태복음의 근간을 이루는 다섯 가지 가르침의 요약인 "회당에서 가르침, 천국 복음을 전파함, 병자를 고침"의 세 가지 예수의 사역이 모두 교육과 관련이 있다는 사실은 마태가 예수를 크신 교사로 묘사하고자 하는 의도를 분명히 가지고 있었다는 사실을 보여준다.

마태복음 16장의 가이사랴 빌립보에서의 베드로의 위대한 고백이 있기 전까지는 예수를 '선생'이라고 호칭한 것이 단 4회밖에 나오지 않지만 그 고백 이후에는 22회나 나온다는 사실은 십자가가 가까울수록 예수가 제자교육을 강조했다는 사실을 시사하고 있다.[10] 또한 예수가 그의 죽음이 가까운 것을 알고 제자들에게 그의 세 가지 사역을 넘겨주는 모습을 마태는 묘사하고 있다–병고치는 권능(10:1), 천국 복음 전파(10:7), 가르침(28:20).[11]

3 랍비 예수

다른 유대지도자들은 예수를 랍비로 인정하지 않았지만 니고데모는 예수의 랍비 권세를 인정하였다. 밤중에 찾아온 그는 예수를 "하나님께로서 오신 선생"(요3:2)이라고 부르면서, 예수의 소명을 인정하였다. 그와 대조적으로 예수는 니고데모를 "이스라엘의 선생"이라고 의도적으로 불렀다(요3:9).

| 예수와 니고데모 |

그래시[12]는 "하나님께로서 오신 선생"을 '이스라엘의 감추어진 선생'이라고 불렀다. 그것은 인정받지 못하고 알려지지 않았다는 의미에서 그렇다는 것이다. 침례 요한이 "나는 물로 침례를 주거니와 너희 가운데 너희가 알지 못하는 한 사람이 섰으니"(요1:26)라고 말하였다. 초막절에 모였던 사람들이 "그리스도께서 오실 때에는 어디서 오시는지 아는 자가 없으리라."(요7:27)고 했는데 그들은 예수가 어디서 왔는지 안다고 주장하였다. 그러자 예수는 그가 어디서 왔는지는 정작 알려지지 않았으니 그는 하나님으로부터 왔기 때문이라고 대답하였다(28절). 소경의 눈을 뜨게 한 기사에도 같은 내용의 말씀이 나오는데, 바리새인들이 "하나님이 모세에게는 말씀하신 줄을 우리가 알거니와 이 사람은 어디서 왔는지 알지 못하노라."(요9:29)고 말하였다. 예수는 "저희를 떠나가서 숨으시다."(요12:36)는 기록이나, 빌라도의 "너는 어디로서냐."(요19:9)는 질문도 모두 같은 주제를 보여주고 있다. 이것은 특별히 요한복음이 의도한 주제 중의 하나이다. 6장의 오병이어의 이적 후의 유대인들과 대화에서 "저희가 다 하나님의 가르치심을 받으리라. 기록되었은즉 아버지께 듣고 배운 사람마다 내게로 오느니라. 이는 아버지를 본 자가 있다는 것이 아니라 오직 하나님에게서 온 자만 아버지를 보았느니라."(45, 46절)는 말씀도 "하나님이 보낸 선생"이라는 주제를 드러내고, 8장 28, 29절에도 "너희는 인자를 든 후에 내가 그인 줄을 알고 또 내가 스스로 아무것도 하지 아니하고 오직 아버지께서 가르치신 대로 이런 것을 말하는 줄도 알리라. 나를 보내신 이가 나와 함께 하시도다. 내가 항상 그의 기뻐하시는 일을 행하므로 나를 혼자 두지 아니하셨느니라."고 말씀했다. 그 밖에

도 많은 절들이 같은 주제를 나타내고 있다.[13]

그랜도르는 예수가 유년기에 나사렛의 회당에서 교육을 받은 것으로 기록하였고,[14] 윌슨은 예수가 열두 살에 성전에 올라가서 율법학자들과 논쟁할 때 즈음은 율법학교의 기초반을 마치고 그 다음 단계의 학생이었을 것이라고 추정하였다.[15] 그러나 앞에서 언급한 것처럼 화잇은 "작은 일은 과장하고 큰일을 경시하는 당시의 학교를 예수는 찾지 않았다."[16]고 기록하였다. 유대인들이 예수에게 대하여 "이 사람은 배우지 아니하였거늘 어떻게 글을 아느냐."(요7:15)고 말한 것은 예수는 당시의 랍비들의 학교교육을 받지 않고도 랍비라고 불리웠다는 사실을 보여주고 있다. 비록 정규 랍비 학교교육은 받지 않았지만 예수는 구약성경에 정통하였고 그의 가르침에 구약성경을 폭넓게 인용하였다.[17]

4 결 론

예수는 가장 위대한 교사였다. 그의 제자들은 물론, 청중들과 유대 지도자들도 그를 선생이라 불렀다. 예수는 가르치는 일을 중심으로 그의 사역을 행하였다는 것을 복음서는 증거하고 있다. 즉 회당에서 가르치고 천국 복음을 전파하고 병자를 고치는 일이 모두 교육 사역으로 귀결된다는 것이다. 예수는 또한 랍비라고 불리웠는데 이것은 유대 율법 교사라는 의미가 아니라 하나님으로부터 온 권세 있는 교사라는 뜻이었다. 그는 선생이요 랍비로서 제자교육을 하였고 그 제자들은 예수의 사역을 계속해야 할 사명을 받았다.

예수는 "나를 믿는 자는 나의 하는 일을 저도 할 것이요 또한 이보다 큰 것도 하리니 이는 내가 아버지께로 감이니라."(요14:12)고 '보혜사 성령'(16절)이 임할 때의 놀라운 역사에 대하여 보증을 주었으며, 이 '진리의 영'(17절)은 '모든 것을 가르치고 생각나게'(26절) 하리라고 하였다.

이 '진리의 성령'의 가르침은 새로운 가르침이 아니라 예수의 교훈에 빛을 비추어서(요16:13-15), 예수의 가르침을 땅 끝까지 전파할 수 있게 해주는 것이다. 화잇은 "그리스도께서는 당신을 대신한 교사로 당신의 초기 동역사들에게 보내셨던 동일한 성령을 오늘날에도 동역자들의 교사가 되게 하신다."[18]고 기록하였다. 모든 교육의 중심은 교사 중의 교사, 하나님으로부터 보냄을 받은 선생, 예수 안에 있다. 이 사실을 깨닫고 예수의 가르침을 계속해야 할 사명이 "너희는 가서 모든 족속으로 제자를 삼아 …… 내가 너희에게 분부한 모든 것을 가르쳐 지키게 하라"(마28:19, 20)는 위대한 복음의 사명인 것이다.

주

1. 엘렌 G. 화잇, 교육(서울: 시조사, 1991), 65.
2. 베르너 C. 그랜도르, 김국환 역, 복음주의 기독교교육론(서울: 기독교문서선교회, 1992), 76.
3. Joseph A. Grassi, *Jesus as Teacher*(Winona, Minnesota: St. Mary's College Press, 1978), 21.
4. Lewis J. Sherrill, *The Rise of Christian Education*(New York: The Macmillan Co., 1944), 85.
5. George R. Knight, *The Abundant Life Bible Amplifier*, Matthew(Boise, Idaho: Pacific Press Publishing Association, 1994), 21.
6. Grassi, 43.
7. 루시언 E. 콜만 II세, 박영철 역, 교육하는 교회(서울: 요단출판사, 1986), 29.
8. Grassi, 55.
9. Ibid., 57.
10. 콜만 II세, 29.
11. Grassi, 89.
12. Clifford A. Wilson, *Jesus the Master Teacher*(Grand Rapids, Michigan: Baker Book House, 1975), 27.
13. 콜만 II세, 30.
14. Grassi, 106-107.
15. 요4:34 예수께서 이르시되 나의 양식은 나를 보내신 이의 뜻을 행하며 그의 일을 온전히 이루는 이것이니라
    요7:17 사람이 하나님의 뜻을 행하려 하면 이 교훈이 하나님께로서 왔는지 내가 스스로 말함인지 알리라
    요10:38 내가 행하거든 나를 믿지 아니할지라도 그 일은 믿으라 그러면 너희가 아버지께서 내 안에 계시고 내가 아버지 안에 있음을 깨달아 알리라 하신대
    요13:15 내가 너희에게 행한 것같이 너희도 행하게 하려 하여 본을 보였노라
    요14:11 내가 아버지 안에 있고 아버지께서 내 안에 계심을 믿으라 그렇지 못하겠거든 행하는 그 일을 인하여 나를 믿으라
16. T. W. Manson, *The Teaching of Jesus*(Cambridge: Cambridge University Press, 1963), 239-240.
17. 요하임 예레미아스, 예수시대의 예루살렘(서울: 한국신학연구소, 1988), 303.
18. 그랜도르, 77.

제6장

예수의 아동교육

1 어린이로 오신 하나님

"말씀이 육신이 되어 우리 가운데 거하시매, 우리가 그 영광을 보니 아버지의 독생자의 영광이요 은혜와 진리가 충만하더라."(요1:14).

예수는 여느 인간들처럼 아기로 태어나심으로 어린이의 중요성을 보여주었다. 마태는 이사야의 예언이 아기 예수의 탄생에서 성취되었다는 것을 알리기 위해 바로 그의 말(사7:14)을 인용한다. "보라, 처녀가 잉태하여 아들을 낳을 것이요"(마1:23). '어린이 복음'이라고도 불리는 누가복음은 아기 예수가 강보에 싸여 구유에 누워 있었다고 소상하게 기록한다. 예수가 처음부터 초인(超人)이나 반신반인(半神半人)으로 등장하거나 성숙한 천사로서 하늘로부터 땅으로 내려오지 않았다는 사실은 기독교가 어린이 교육을 강조하는 기초가 된다.

예수의 생애는 처음부터 어린 시절을 빼고는 이야기될 수 없다. 그리고 누가는 특별히 어린 예수의 성장과정을 간단하게 압축하여 표현하고 있다. "예수는 그 지혜와 그 키가 자라가며 하나님과 사람에게 더 사랑스러워 가시더라"(눅2:52). 예수는 모든 사람들과 똑같이 아기로 태어나서 어린이로 성장했고, 그래서 점점 성인의 모습을 갖추었다.

프랜시스 톰슨(Francis Thompson)은 그의 시(詩) '작은 예수'(Little Jesus)에서 다음과 같이 어린 예수를 그린다.[1]

작은 예수님, 당신도 한때는 부끄러움을 타셨나요?
나처럼 그렇게 작은 분이셨나요?

당신도 언젠가 우리 꼬마들처럼
장난감을 가지고 놀으셨나요?

당신은 작은 천사들과
하늘에서 놀이를 하셨나요?
별들과 구슬놀이를 하셨나요?
온갖 것들이 날개를 치며
당신과 숨바꼭질 놀이를 하였나요?

알버트 페인(Albert Bigelow Paine)도 '어린이 예수'에서 다음과 같이 어린 예수를 그린다.

그는 티 없는 어린이였습니다.
여름날, 너나 또 나처럼
아버지가 일하고 계신 동안에
문밖에서 놀기도 하였고,

마루에서 대팻밥을 모으기도 하던
그는 티 없는 어린이었습니다.
너나 또 나와 다름이 없이
때로는 풀밭 위에 딩굴면서,
푸른 하늘에 떠오른 까만 점 같은
매가 머리 위에 나는 것을 보았고,
문에 대롱대롱 매달린 채
낯모를 사람이 지나가는 것을 보기도 하였습니다.
그는 티 없는 어린이였습니다…….

예수 그리스도는 하나님을 '아바(아빠)'라고 불렀다. 예수 그리스도의 하나님은 자비하신 아버지, 자신의 자녀를 용납하시고 사랑하시고 그를 위해 자신의 목숨까지 내어주시는 친구와 같은 하나님이시다.

"종교적 체험은 근본적으로 사랑의 체험이기 때문에 그 체험은 특별히 어린아이의 본성에 일치한다. 어린이가 하나님을 향하는 것은 보상을 추구해서가 아니라 본성의 깊은 요구 때문이다. 어린이는 어떤 인간존재도 줄 수 없는 그런 총체적이고 무한한 사랑을 필요로 한다. 어린이에게는 사랑이 음식보다 더 필요하다. 어린이는 하나님과의 관계에서 완전무결한 사랑을 체험한다. 또 조화로운 자신의 발전을 위해 그의 존재가 요구하고 필요로 하는 양분을 하나님과의 관계에서 얻는다. 그러므로 사랑 자체이신 하나님과 사랑을 필요로 하는 어린아이의 만남은 특별한 본성적 일치에서 이루어진다. 또한 어린아이는 하나님과의 만남을 통해 자신의 인격의 본질적인 요구와 생명의 진정한 요구에 대해 만족을 누린다."[2]는 통찰은 우리의 아빠되시는 하나님과 그분의 어린 자녀들과의 관계를 잘 설명하고 있다.

2 예수와 어린이

예수께서는 언제나 아이들을 사랑하셨다. 그는 그들의 어린이다운 동정과 편견이 없고 변함이 없는 사랑을 받으셨다. 그들의 순결한 입술에서 나오는 감사의 찬양은 그분의 귀에 음악이 되었고 교활하고 위선적인 사람들과 접촉하심으로 말미암아 억눌렸던 그분의 정신을 상쾌하게 하였다. 어디로 가시든지 구주의 인자하신 용모와 온화하고 친절하신 태도는 어린이들의 사랑과 신뢰를 얻었다.

예수는 한 어린이의 보리떡 다섯 개와 물고기 두 마리로 하늘을 향해 축사하시어 오병이어의 기적을 베푸셨다. 제자들의 손을 거쳐간 이 단순한 식물에는 아주 귀중한 교훈이 포함되어 있었다. 마련하신 음식은 보잘것없는 식물이었다. 고기와 보리떡은 갈릴리 바다 주변에 사는 어민들이 일상 먹는 양식이었다. 그리스도께서는 사람들 앞에 진수성찬을 차리실 수도 있었다. "먹은 사람은 여자와 어린아이 외에 오천 명이나 되었더라".[3]는 기록은 그 자리에 그 떡과 물고기를 먹은 어린이가 많이 있었음을 보여준다. 오병이어의 기적이 행하여지는 장소에 많은 어린아이들이 있었다고 하는 사실은 그 아이들이 예수의 가르침을 받기 위해 그 장소에 있었던 것을 의미하고 예수는 하나님 나라를 가르치심에 있어 결코 어린아이들을 제외시키지 않으셨던 것을 분명히 이해할 수 있다.

주님께서는 저들의 마음에 진리의 씨를 심어 후년에 자라나

영생의 열매를 맺도록 하셨다. 예수께서 제자들에게 어린아이들이 당신께 오는 것을 금하지 말라고 말씀하셨을 때, 주님께서는 각 시대의 당신의 제자들, 곧 교회의 사무직에 있는 사람들, 목사들, 조력자들, 모든 그리스도인들에게 그 말씀을 하셨다. 예수께서는 아이들을 가까이 이끌고 계시며, "어린아이들의 내게 오는 것을 용납하"(막10:14)라고 분부하신다. 이 말씀은 마치 너희가 만일 저들이 내게 오는 것을 방해하지 않는다면 저들은 분명히 내게로 올 것이라고 말씀하시는 것 같았다. 예수께서는 당신과 접촉한 어린이들 중에서 당신의 은혜의 후사요, 당신의 나라의 시민이 될 남녀들을 보셨으며 그들 중 어떤 이들은 당신을 위하여 순교자들이 될 것이었다.

예수는 치유사역에서도 어린아이들을 많이 고쳐 주셨다. 회당장 야이로의 딸을 살려주셨고, 악한 귀신들려 고생하는 가나안 여인의 딸을 고쳐 주셨고, 벙어리되고 귀먹은 귀신들린 아이를 고쳐 주셨다. 예수의 치유사역은 치유에 목적이 있는 것이 아니고 가르치심에 목적이 있었으니 당사자인 아이들이 예수의 치유사역을 통해 예수님과 하나님 나라에 대한 교훈을 얻게 됐다.

예수께서는 어린이들이 세속적으로 현명하고 마음이 굳어진 성인들보다 훨씬 민감하게 주님의 말씀을 듣고 주님을 구주로 모시게 될 것을 아셨다. 주님께서는 가르치실 때에 저들의 수준으로 내려오셨다. 하늘의 주재되시는 주님께서 저들의 질문에 대답하셨으며 저들의 어린 마음이 이해할 수 있도록 당신의 중대한 교훈들을 단순하게 표현하셨다.

3 예수의 아동교육 명령

예수는 자신의 교육대상에 아이들을 포함시켰을 뿐만 아니라 아이들을 "가르치라."고 명령하셨다.

1) 제자들의 꾸지람

사람들이 어린아이들을 데리고 예수께 가까이 나왔다. 예수의 만져주심을 바라고 왔다. 이것은 예수의 안수하심과 축복 기도를 받기를 원해서였다.[4] 이에 대하여 제자들이 그들을 꾸짖음으로 예수 곁으로 가까이 오지 못하게 하였다. 가뜩이나 분주하고 번거로운 선생을 어린아이들로 말미암아 더 귀찮아질 것 같아서였다.

말하자면 어른들도 제대로 가까이 오지 못하며 말씀을 듣거나 기도받는 일이 심히 어려운데 아이들까지 달라붙으면 어떻게 되겠느냐는 것이다. 그들은 예수는 어린아이들과는 상관이 없으신 분이신 줄로 여긴 것이다. 그들은 어린아이들에 대하여 생각하기를 인격적으로 상대가 안 될 대상이라고 여겼으며 하나님의 나라와는 상관이 없는 존재인 줄로 알았으며 복음을 전할 대상이 안 되는 것으로 알고 있었던 것이다.

그들의 이 같은 생각과 행동은 즉각적으로 예수의 심한 꾸중을 들었다. "어린아이들이 내게 오는 것을 용납하고 금하지 말라."고 하신 것이다. 제자들은 더 이상 어린아이들이 예수께로 오는 것을 금하지 못하게 되었다. 어린이들은 이제 교회에서 어른들과 똑같이 하나님의 자녀로서, 하나님의 백성으로서, 어엿한 성도로서 대접을 받게 된 것이다.

2) 하나님의 나라가 이런 자의 것이니라

예수의 놀라운 말씀은 다시 계속되었다. "하나님의 나라가 이런 자의 것이니라."고 하셨다. 이런 자의 것이라고 하신 말씀에는 두 가지 뜻이 들어 있다.

하나는 하나님의 나라는 어린아이들이 들어가는 나라이며, 다른 하나는 어린아이들과 같은 믿음으로 하나님의 나라를 받들지 못하면 어른들이라도 들어갈 수 없는 나라가 하나님의 나라라고 하신 점이다.

1. 하나님의 나라는 어른들만 들어가는 곳이 아니다. 그곳에는 어린이들도 들어갈 수 있다. 우리의 마음에 이루어지는 하나님의 나라 역시 어린이들의 마음속에도 눈에 보이지 않는 하나님의 나라가 임하시는 것이다. 어린이들도 하나님의 나라의 일원이라면 우리는 그들의 생명을 귀히 여기며 하나님의 자녀로서의 대접을 해 주어야 하는 것이다. 그들도 우리 주님께서 피를 흘리심으로 구원하신 백성들이며 피로 값 주고 사신 하나님의 소유이신 것이다.
   어른들에게 복음이 전파되는 것과 똑같이 어린이들에게도 복음이 전파되어야 하는 것이다. 어른들의 생명만 귀중한 것이 아니라 어린아이들의 생명도 똑같이 귀중한 것이다. 그런데 어린이들이 복음을 듣는 기회가 어른들의 경우에 비하여 적기 때문에 그리스도인 가정에서 자녀들을 하나님 앞으로 인도해야 하며 하나님의 말씀을 잘 가르쳐야 한다. 그러므로 하나님께서는 이스라엘 백성들에게 네 자녀에게 부지런히 가르치라고 명령하고 있는 것이다(신6:6-8).
2. 예수는 어린아이를 가까이 세우시고 "하나님의 나라가 이

런 자의 것이니라."고 하셨다. 이런 자의 것이라고 하신 것은 그 후에 말씀하신 것처럼 비록 어른들이라 할지라도 하나님이 나라를 어린아이들과 같이 받들지 아니하면 들어가지 못한다고 하신 뜻이다. 이 말씀은 어린아이들의 성품과 복음을 듣고 믿는 일에 있어서 단순하며 듣는 대로 잘 받드는 태도를 가리키신 것이다.

① 어린이들은 전하는 대로 믿는 영적 단순함이 있다. 그들의 마음에는 세상 재물이나 정욕이나 탐욕이나 음란의 죄악성이 아직 깊이 물들지 않았기 때문에 전하는 대로 믿는 것이다.

② 어린이들은 무엇이건 단순하게 받아들인다. 진실을 말하면 진실을 받아들인다. 거짓을 말하면 또한 그것을 받아들인다. 잘못된 것을 가르치면 잘못된 것을 받아들이는 것이다. 그들의 마음에 복음을 전하면 그것을 그대로 받아들이는 것이다.

③ 그들은 일단 복음을 받아들이면 믿음으로 잘 자라나며 하나님의 나라를 잘 섬긴다. 잘 받드는 것이다.

어린아이를 영접한다는 것은 그와 하나 되는 것을 말한다. 자신이 그와 동일시되는 것이다. 어린아이와 같이 되기 전에는 어린아이를 영접할 수 없다. 그래서 자신을 돌이켜 어린아이를 영접하는 것은 곧 예수를 영접하는 것이라고 일컫고 계신다. 마가복음은 거기에 덧붙여서 '누구든지 내 이름으로 이런 어린아이 하나를 영접하면 곧 나를 영접함이요 누구든지 나를 영접하면 나를 영접함이 아니요 나를 보내신 이를 영접함이니라.'고 한다.

천국은 바로 이와 같은 것이다.

그래서 예수 그리스도를 믿는다는 것은 어린아이를 영접한 상태와 동일시되고 '누가 크니이까.'라는 변론이 멈춰질 때 비로소 예수 그리스도를 영접하는 것이 된다.

어린아이를 영접하는 것은 어떤 상태를 말하는 것이요, 그러한 상태의 영접은 곧 예수 그리스도를 영접하는 것임과 동시에 하나님을 영접하는 것이다. 바꾸어 말하면 예수 그리스도를 믿게 되면 그러한 어린아이와 같이 된다는 말이기도 하다. 이는 곧 자신이 어린이가 되어 새로운 세계를 보는 눈을 갖게 된다. 이러한 어린아이에게 계시는 열려진다.

특히 유명한 예수의 지상명령 가운데도 아동교육이 명령되어 있음을 인식해야 한다. "하늘과 땅의 모든 권세를 내게 주셨으니, 그러므로 너희는 가서 모든 족속으로 제자를 삼아 아버지와 아들과 성령의 이름으로 침례를 주고 내가 너희에게 분부한 모든 것을 가르쳐 지키게 하라."

이 명령 중에는 기독교교육의 대상과 목표와 방법과 내용과 동력이 명시되어 있다.[5] 즉 기독교교육의 대상은 성별이나 연령별로 인해서 혹은 사회적 계층과 직능에 의해여 또는 인종과 국경에 의해서 배제하거나 제한할 수 없는 모든 사람들이다. 교육의 내용은 하나님의 진리의 성육신이신 예수 그리스도께서 친히 분부하시고 보여주신 하나님 나라의 진리이며 교육의 방법은 기계적이나 일반적인 이용전달이 아니라, 각 개인이 인격적으로 구속적인 복음을 믿고 자신의 것으로 받아들이며 사랑과 순종으로 응답 할 수 있게 하는 것이다. 교육의 동력의 원천은 세상 끝날 때까지 그를 믿고 순종하는 그의 백성과 함께 역사하는 예수 그리스도 자신이다.

4 결 론

부모들은 자녀를 잘 양육해야 할 뿐만 아니라 자신들도 하나님 앞에서 어린아이와 같이 되어야 한다. 그러면 어린아이는 어떤 특성을 가지고 있을까?

첫째로, 어린아이는 겸손하다. 예수는 "누구든지 이 어린아이와 같이 자기를 낮추는 사람이 천국에서 큰 자니라."(마18:4)고 말씀하셨다. 그러므로 우리가 어린아이와 같이 되기 위해서는 항상 겸손하고 낮아진 마음을 가져야 한다.

둘째로, 어린아이는 단순하다. 예수는 권능을 가장 많이 베푸신 고을들이 회개하지 않자 책망하셨다(마11:20~24 참조). 그리고 "천지의 주재이신 아버지여 이것을 지혜롭고 슬기 있는 자들에게는 숨기시고 어린아이들에게는 나타내심을 감사하나이다."(마11:25)라고 기도하셨다. 여기서 어린아이들은 자신의 연약함을 깨닫고 정직하고 단순하게 하나님의 도우심을 구하는 자들을 의미한다. 그러므로 우리가 어린아이들과 같이 단순하게 하나님의 도우심을 구하면 하나님께서 진리를 아는 지식을 성령으로 계시해 주시는 것이다.

셋째로, 어린아이는 부모의 말을 전적으로 신뢰한다. 우리도 어린아이와 같이 하나님의 말씀을 온전히 신뢰해야 한다. 천지가 없어지기 전에는 율법의 일 점 일 획이라도 반드시 없어지지 아니하고 다 이루어지기 때문이다(마5:18 참조).

주

1. http://cafe.daum.net/ccf/5n7/718에서 인용
2. S. Cavalletti, 어린이의 종교적 잠재능력(서울: 중앙적성출판사, 1997), 69-71.
3. 당시 유대나라에서는 어린이와 여자들에 대한 차별이 매우 심해서 여자와 아이들은 숫자 셀 때 빼고 세었다.
4. 유대인들은 관례적으로 자녀들이 한 살 정도 되었을 때 랍비로부터 축복기도를 받기 위하여 데리고 갔다.
5. 김득렬, 학습과 지도(서울: 대한예수교장로회 총회교육부, 1982), 23-24.

제7장

유아기독교교육의 발달사

1 종교개혁과 유아교육

1) 루 터

16세기의 종교개혁은 기독교교육에 있어서도 일대 혁명적인 사건이었다. 마틴 루터는 공식적으로 유아교육의 필요성을 주장한 최초의 독일인으로, 그는 1524년 독일 내 모든 도시의 시장과 의회에 편지를 보내 유아학교의 필요성을 역설했다. 그는 또한 6~12세의 모든 아동이 취학할 의무를 가지게 하자는 의무교육론을 제안했고, 이것이 의무교육제도의 시초가 되었다. 루터는 포괄적인 아동교육을 위해서 노력했다. 루터가 생각한 교육은 종교적인 사람을 기르는 것이고 내세의 구원을 얻기 위한 개인의 정신적인 성장을 목표로 하는 것이었다. 루터가 생각한 참 지혜는 자기 자신과 하나님을 참되게 아는 것이었다. 인간은 속절없이 상실된 죄인들이고 하나님께서는 우리를 버리시려고 하는 것이 아니고 그리스도에 의하여 은총으로 구원하려고 열망하시는 자비로운 분이시라는 것을 아는 것이라고 설명했다. 즉 루터에게 있어서 교육이란 하나님의 말씀 안에서 규율 있게 행동하며, 하나님을 경외하는 속에서 지식의 증진과 인격의 도야를 성취하게 하는 것이다.

루터는 성서야말로 교육프로그램에서 으뜸가는 것이라고 해서 성서를 가르쳐야 한다고 주장하고, 「독일의 기독교 교회 귀족에게 보내는 서한」에서 "하나님의 말씀 대신 그릇된 사상을 가르치는 교육기관에는 자녀를 보내지 말라."고 하였으며, 종교개혁의 중요한 원리로써 종교의 개인적인 해석에 대한 권리를 변호했고, 성서에 의해 증명할 수 없는 것은 어떠한 권위가 명령한다 해도 거부되어져야 한다는 성서의 원리를 주장했다.

일반 어린이를 위한 기본적인 문자 교육이나 청소년교육에서의 성경공부의 필요성에 대한 관심은 종교개혁 수십 년 뒤에 이루어졌다. 16세기 후반에 모든 어린이를 위한 완벽한 기독교교육을 주장한 사람은 존 코메니우스(John Amos Comenius)였다. 존 코메니우스, 필립 스페너(Philip Spener), 어거스트 프랑케(August Hermann Francke)는 폭넓은 의미에서 성경공부를 기독교교육에 소개하는 일을 주도한 사람들이다. 초기에는 초신자들에 대한 기계적인 가르침의 과정에 어떤 특정한 양의 성경내용을 삽입시켰으나, 기독교교육의 주된 수단이 되기까지는 수세기의 세월이 지나야 했다.

2) 코메니우스

모라비아 출신의 성직자였던 코메니우스의 교육사상은 지식과 신앙의 양대 기둥을 초석으로 한다. 지식과 신앙은 유럽의 사상적 두 원류로써 전자는 자연을 대상화한 것이고, 후자는 하나님을 지향한 것이다. 그러므로 코메니우스에게 있어서 인간의 이성과 하나님 중심적 신앙은 전인교육의 기본적 요소이다.

그는 "교육되어지지 않은 인간은 동물일 뿐이다."라고 말했다. 다시 말해서 교육을 통해서만 '참다운 인간'이 될 수 있다는 뜻이다.

그는 또 성경에서 제시하고 있는 인간이해를 통해 새로운 전인교육사상을 정립했다. 코메니우스는 창세기 1장 26절과 27절에 근서해 인산을 지성석, 도덕적, 신앙적 존재로 해석하고 인간의 전인성은 곧 인간의 내면세계에 내재하고 있는 지성과 덕성과 경건의 씨앗을 계발해야 한다는 통전적인 개념으로 규정했다.

코메니우스는 이와 같은 신학적 교육철학을 토대로 세상에 태어난 모든 사람들은 모두 평등하게 교육받아야 한다는 범교육(汎教育)을 주창했다. 그의 범교육 사상은 하나님의 형상으로 태어난 '모든 사람들'이 하나님께서 창조하신 '모든 것'을 자연의 원리에 의한 '모든 방법'으로 가르침 받아야 한다는 우주적 보편 교육사상이다.

코메니우는 여섯 살 이하의 남녀아동을 위한 보편적인 교육의 필요성을 주장한 최초의 유아교육자였다.

그의 저서 '유아학교'에서 그는 학습이란 개인의 학습능력에 맞추어 그 학습단계에 알맞게 이루어진다는 기본개념을 설정하고 학습을 위한 체계적 유형을 제시하였다. 특히 그는 관찰, 지각경험 및 감각경험이 교실수업보다 선행되어야 한다고 주장하였다. 그는 무엇보다 사람마다 흥미를 가지고 철저하게 배울 수 있는 새로운 교수법 개발에 몰두했다. 새로운 교수법의 원리를 정립하기 위해 우주 전체와 자연에 대한 면밀한 관찰과 과학적 분석에 힘을 기울였고 거기서 발견한 질서와 조화의 이치를 새로운 교수법에 적용했다.

1657년 그의 유명한 책인 '그림책'은 처음으로 책에 그림을 넣은 어린이를 위한 책이었다. 아이들의 능력, 놀이, 내재적 흥미 등을 강조하여 뒤에 루소와 페스탈로치에게 영향을 주었다.

3) 존 로크 John Locke

영국의 철학자이며 정치사상가인 존 로크의 『교육에 관한 고찰』은 대표적인 가정교육론이며 영국형 교사교육론의 결정판이라 할 수 있다.

로크에 의하면 교육에는 체육, 덕육, 지육의 세 측면이 있다. 그 목적은 신체의 건강, 덕성 및 지식이다. 그 첫째의 것은 근본적인 기초이다. 이 기초가 우선 마련되면 교육이 지향해야 하는 것은 그 중요성의 순서에 따라 덕, 지혜, 행실 그리고 학문의 순서이다.

로크에 있어서 교육의 목적은 크게 2가지로 볼 수 있다. 하나는 국가의 복지와 번영, 다른 하나는 품성도야이다. 로크는 가정생활에서 신사교육의 모델을 추구했다. 교양의 문제보다는 오히려 건강의 문제가 중시되었고 교수보다는 교육이 중시되었다. 신사는 전반적인 교육을 받아야 하고 예의범절을 잘 갖추어야 한다. 품성도야란 도덕적, 신체적, 지적 완전인, 즉 전인을 의미하며 따라서 로크의 교육은 전인교육을 의미하고 있다. 특히 로크는 신체의 발달이 지와 덕의 발달의 필수조건이라고 생각했다.

로크는 아기가 태어날 때 백지로 태어난다고 하였는데 이 견해는 지금까지도 그 맥을 유지하고 있다. 백지로 태어나기 때문에 훈육과 환경에 따라 크게 달라질 수 있다는 것이다.

그는 어린이의 환경을 가능한 한 긍정적으로 조절할 필요성을 강조하면서 아동의 주변에 그가 감화받을 수 있는 훌륭한 인물들이 있어야 한다고 주장하였다.

그는 아동의 놀잇감이 그의 지적 생활에 미치는 영향도 언급하였는데 아동이 놀잇감을 풍부히 가지고 놀도록 격려하지만 상품화된 장난감보다는 아동의 주변 환경에서 흔히 찾아 볼 수 있는 물건들을 완구로 사용하는 것이 좋다고 하였다.

2 자연주의와 유아교육

1) 루 소

현대교육의 근간을 이루고 있는 교육사상가들은 대부분 루소의 자연주의와 일치하는 교육관을 가졌거나 영향을 받았다.

특히 현대 유아교육이 외적인 조건에 강요되어 루소가 주창해 온 자연주의 교육목적과는 배치되어 가고 있는 현실을 감안해 볼 때, 루소의 자연주의 교육목적의 기반 위에서 유아교육의 새로운 활로를 모색해야 할 필요성은 절실해진다.

루소는 유아와 환경에 대해서 깊은 관심을 갖고, 유아를 인위적인 제한에서 해방시켜 자유롭게 성장하고 발달하게 할 때 교육의 목적을 성취할 수 있다고 보았다. 루소는 성선설을 통해 인간은 근본적으로 선하다고 주장하였다. 다만 인간을 악하게 만드는 것은 다름 아닌 환경이다. 루소의 이러한 견해는 페스탈로치와 프뢰벨, 미국의 진보주의 학자들에게까지 영향을 끼쳤다.

루소는 그의 자연주의 사상으로부터 교육목적의 개념을 도출하였다. 인간에 대한 그의 사상은 인공적인 것이 아니라 자연에 기반을 두고 있었다. 교육철학사에서 루소는, 유아는 어른의 축소판이라는 개념을 최초로 부정하였다. 그는 유아의 독특한 사고방식과 자연에 따라 교육목적을 설계하였다. 그리고 유아를 불완전한 성인으로서 정의하지 않고 유아는 이미 그 속에 완전성을 가졌다고 보고 유아의 성숙 없이는 성숙한 인간교육이 불가능하다고 하였다. 그러므로 루소는 교육목적을 유아에게 본질적으로 주어져 있는 자연스러운 성장발달에 따른 유아의 완전한 성숙에 두고 있다. 이것이 바로 루소의 자연주의 교육관이다. 코메니우스가 자연계의 제 법칙에 따른 객관적 자연주의를 강조하였다면 루소는 유아의 천부적 소질을 그대로 성장 발달하도록 놓아두는 것이 교육이라고 하는 주관적 자연주의 교육관을 주장한 것이다. 그래서 유아의 성선설을 전제로 한 교육목적관을 수립하였다. 아동중심주의는 진보주의 교육의 중요부분이라 할 수 있으며 현대 교육사상의 대표적 사상이라 할 것이다.

2) 페스탈로치 1746~1827

그의 교육 이론은 우선 산업화가 시작된 시기에 대중 또는 민중의 대두라는 교육의 새로운 과제에 마주쳐서 이들에게 경제적 자립능력뿐 아니라 인격도야를 통해 근대적 시민으로서의 역량을 갖추게 하려는 근대 교육사상의 출발점이었다.

계몽주의 전통에 섰던 그는 인간의 본성을 동물적 상태, 사회적 상태, 종교 및 도덕적 상태의 복합물 등으로 보았다. 그는 이어 인간성을 자연의 산물, 사회의 산물임과 동시에 자기 자신의 산물임을 지적하며, 이 세 축의 조화를 통한 인격 완성을 주장했다. 아울러 구체적인 교육과정은 머리(지능)뿐만 아니라 가슴(감정력), 손발(기능력)을 고루 발달시키는 전인교육이어야 함을 강조했다. 결국 이 모든 것을 종합하는 생활교육이 교육의 핵심이어야 한다는 것이다.

그는 자연주의 사상가로 교육은 어린이의 자연 발달 과정에 따라서 이루어져야 하며, 교육의 궁극적인 목적은 사회적 인간 개조에 있다고 보았다. 사회개조는 인간 개개인의 능력개발로 시작되어야 하고, 능력의 개발은 인간의 자연적, 진보적인 발달을 의미한다고 하였다. 또 이 능력은 모든 어린이에게 내재해 있고, 교육은 이 내재해 있는 능력을 개발할 수 있게 기회를 열어 주는 것이라고 하였다. 그의 이런 사상은 가정교육론, 인간성의 조화적 발달론, 직관교수론에 나타난다.

(1) 가정교육론

페스탈로치는 유아교육을 이루는 원동력으로 모성애를 주장했다. "아이들의 최초의 교수는 결코 머리도 아니요, 이성도 아니다. 그것은 긴 세월의 감각이고, 심정이며, 어머니이다."라고 말할 만큼 가정교육을 중요하게 생각하였다.

(2) 인간성의 조화적 발달론

그의 인간성의 조화적 발달론을 보면 3H(head, heart, hand−즉 정신력과 감정, 기능)의 조화적 발달을 교육의 이상으로 본 것이다. 여기서의 그의 교육목적은 타고난 능력을 개발, 완성하여 양심적 행동과 봉사를 할 수 있게 하는 것, 사회의 일원으로 자주독립의 정신을 갖게 하는 것, 그리고 개인적으로는 행복을 주는 것이다.

(3) 직관교수론

"인간의 정신을 감정적인 직관으로부터 명료한 개념으로 높이는 영원의 법칙에, 모든 교수의 형식을 따르게 한다."라는 그의 원리는 자연의 원리와 본질적 개념과 능력을 훈련하는 것이다.

3) 프리드리히 프뢰벨

유치원 및 유치원 교육학의 아버지로 불리는 프뢰벨은 오늘날의 어린이 이해와 유아교육 전반에 지대한 영향을 준 교육사상가요, 실천가다. 영미의 교육용어에서도 유치원을 독일어 '킨더가르텐(Kindergarten)'으로 명기하고 있으며, 유아교육의 역사에 그의 이름이 대표적으로 제시되는 것을 볼 때 프뢰벨의 유아교육 이론과 실천 노력은 교육학의 역사 전체에 한 획을 그었음에 틀림없다. 아동기 초기에 어머니의 교육이 지니는 중요성을 페스탈로치로부터 계승하여 포괄적이고 독창적인 교육철학과 유아교육 이론으로 발전시켰다.

어린이가 가진 본래의 힘, 그것을 이끌어내는 것이 교육이다.

프뢰벨은 어린이들은 어린이 자신의 자연적인 발달 단계를 살아간다는 점과 자신의 내면에 활동적으로 형성되어 간다는 점을 증명했다. 그는 어린이들의 창조적 힘을 생각하여 창조되어지고 표현되어지는 삶이 있음을 강조했다. 특히 프뢰벨은 어린이들의 놀이에 큰 의미를 부여하고 있다. 놀이에는 운동적인 놀이와 작업적인 놀이가 있다. 운동적 놀이는 행진, 뛰기, 무용 등을 말한다. 작업적 놀이는 은물(Gifts of God : 아동이 신으로부터 받은 선물)을 가지고 여러 가지 형태를 구성하는 탁상놀이이다. 아동들은 이 은물을 통하여 감각기관을 훈련하고 우주의 이법을 깨닫고 신성을 인식하는 것이다.

또 한 가지 원리는 노작교육의 원리이다. 아동의 모든 단순한 생산활동을 노작으로 보고 생명 그 자체를 활동 · 노작 · 창조라고 보았다. 인간의 사명은 행동을 통하여 신성(神性)을 표현하는 것이며, 이 신성이 숨겨져 있는 인간은 노동을 함으로써 그리고 행위를 통하여 자신의 내적 본질을 구체적으로 표현하게 된다는 것이다. 즉 인간의 사명을 신성의 표현이라고 보았기 때문에 그의 노작의 원리는 인간 생명의 원리이며 생명의 발전을 위한 교육원리라는 것이다. 그 생명 발전의 과정이 노작이기 때문에 노작 교육이 곧 인간 교육이라 할 수 있다. 이는 페스탈로치의 노작교육사상을 계승, 발전시킨 것이다.

근대교육에 있어서 개성존중, 아동중심주의 등의 교육사조가 프뢰벨에서 구체화되었다. 프뢰벨의 자기활동·연속발전·개성화·사회화·직관·노작·생활경험 등은 현대교육의 바탕을 이루게 하였고, 그가 세운 유치원 교육의 발달로 말미암아 여교사의 양성과 보모양성을 위한 교육기관이 발달하게 되었다.

3 호레이스 부쉬넬의 가정화 교육

호레이스 부쉬넬은 뉴잉글랜드 코네티컷의 하트포트 회중교회 목사로서 근대 종교교육의 아버지로 불린다.

1800년대의 뉴잉글랜드를 풍미한 것은 "대각성운동"이라는 부흥운동이었다. 강경한 칼빈주의 운동가들의 주장에 의하면 성인이 되어서 극적인 회심을 통하여 구원을 받는 것이지, 어린이는 기독교인이 될 수 없다고 생각했다. 이런 사상이 보편화된 상황에서 어린이도 회심하면 기독교인이 될 수 있다는 주장은 획기적이지 않을 수 없었다.

부쉬넬은 1847년 처음 출간된 "Christian Nurture(기독교적 양육)"라는 책을 통해, "아동은 기독교인으로 성장해야 하며, 자신을 하나님의 형상이 아닌 다른 존재로 자라게 해서는 안된다."[1] 고 강조하였다. 아동은 태어나면서부터 영적인 존재이므로 신앙 안에서 하나님의 뜻에 따라 살아가야 하고, 훈련을 통해서 점진적인 영적인 변화는 가능하지만, 성인이 된 후에 갑작스런 회심은 잘못된 것이다. 그러므로 양육을 통해서 회심에 접근시키는 것이 최선이다.[2]

아동은 죄 가운데서 자라서 성숙한 연령에 도달한 후 회심하는 것이 아니라, 아동은 나면서부터 언약공동체인 가정이라는 유기체를 통하여 영적으로 성장할 수 있다는 주장이다. 따라서 신자의 자녀는 불신자의 자녀와는 다르게 모태신앙을 가지고 있기 때문에 점진적인 회심으로 이끌어야 한다는 것이다. 그는 유아세례를 인정하며 세례받은 아동은 그렇지 않은 아동과 다르게 취급되어야 한다고 하였다.

결국 그의 강조점은 양육과 교화를 통한 회심에 있다. 부쉬넬은 가정에서의 부모역할을 강조하면서 기독교인의 부모는 기독교 정신으로 아동을 훈련해야 하며, 부모가 회심하지 않으면 아이도 회심할 수 없다고 주장하였다. 부모의 모본을 통한 하나님께 대한 신앙과 순종, 훈련이 자연스럽게 기독교인이 될 수 있는 바탕이 된다는 것이다.

1) 기독교교육의 장으로서의 가정

부쉬넬은 가정을 은총의 성소(a means of grace)로 보았다. 가정은 작은 교회다. 따라서 양육의 직접적인 매체는 부모다. 부모가 사랑과 인내로 교육에 임할 때 자녀의 신앙은 자란다.

첫째, 가정은 하나님의 언약의 공동이다. 언약 공동체로서의 가정, 그것은 아브라함과 신앙인 부모들을 향한 하나님의 언약이기 때문에 그 곳엔 신앙과 성령의 임재가 약속되어 있다.[3]

둘째, 이 언약공동체로서의 기독교교육적인 보장과 가능성은 부모들의 신앙적 책임을 전제로 하여 주어지는 유아세례에 있다.

셋째로 가정의 본질에 있어 유기적(organic)이라고 보았다. 이것은 생리적이거나, 교육적 공동체라는 단순한 의미성 보다는 "성령이 임재하는 집"으로 "사랑성"이라는 뜻의 유기성이다.

넷째로 유기적 가정은 부모와 자녀들이 공동으로 참여함으로 이루는 신앙과 삶의 장(場)이다. 예배를 통해서 부모와 자녀들은 진정한 하나의 신앙과 삶의 공동체를 형성하게 되는 새로운 영향과 설득의 힘을 갖는다.

부쉬넬은 가정이야말로 교육이 이루어지는 장이며, 또한 신앙과 경건을 성취하는 유일한 장이라고 강조했다. 영적 가능성이 있는 존재인 자녀와 인간은 단순한 말이나 교훈으로 교육되는 것이 아니라 "성령이 임재하는 집"안에서만 비로소 완전한 교육과 성장이 가능한 것이다. 가정이야말로 가장 심오하고 효과적인 기독교교육이 이루어질 수 있는 교육의 장이라는 것을 깊이 깨닫게 하였다.

2) 기독교 가정교육을 위한 교회의 할 일

부쉬넬의 가정화 교육을 위하여 교회가 가정의 교육적 기능의 회복을 적극적으로 도와야 한다.

❶ 교회에서 부모들을 대상으로 한 교육이 있어야 한다.

교회는 "가정이 하나님의 언약 공동체이다"라는 것을 강조해야 한다. 부모들을 위하여 자녀들의 연령별 발달시기에 따른 발달적 이해와 그에 필요한 신앙교육의 방법 등을 가르쳐 주는 자녀교육 세미나를 여는 것이 필요하다.

❷ 부모들의 교육적 책임을 강조해야 한다.

부모들은 자녀들의 교육적인 책임을 학교와 교회에 맡기면 된다고 생각한다. 그러나 가장 바람직한 것은 가정이 그 어떤 기관보다도 더 훌륭한 교육적인 기능을 수행하는 것이다. 교회는 자녀의 신앙교육에 대하여 주일학교 교사와 부모와의 긴밀한 관계를 형성시켜주고 교회와 가정이 상호협력할 수 있는 교육적 환경을 제공해야만 한다.

주

1. Horace Bushnell, *Christian Nurture*(Grand Rapids, MI: Baker Book House, 1979), 10.
2. Ibid., 12.
3. Ibid., 114.

제8장

교육의 목적과 기독교 세계관

1 교육의 목적 Purpose of Education

미국 등의 선진국에서는 오래전부터 의무교육제도에 의하여 공립학교는 초등학교부터 고등학교까지 학비가 전혀 요구되지 않는 무료교육제로 운영되어 왔다. 우리나라도 중학교까지 의무교육제도에 의하여 등록금이 요구되지 않으며 머지않은 장래에 고등학교까지 적용될 것이 확실하다. 미국 등지에서는 오래전부터 기독교학교들이 재정난에 빠져 존폐위기에 시달려왔고 또한 많은 기독교학교들이 문을 닫은 것도 사실이다. 우리나라도 그와 같은 전철을 밟을 것이 거의 확실해 보인다. 여기서 근본적인 질문이 생긴다. 왜 기독교교육이 필요한가? 특히 천문학적인 사교육비를 지불하는 우리나라의 부모의 입장에서는 전혀 등록금을 요구하지 않는 공립학교를 놓아두고 적지 않은 교육비가 추가로 요구되는 기독교학교에 자녀를 보낼 필요가 어디에 있는가 하는 심각한 고민에 빠지게 된 것이다.

세계적으로 수없이 많은 기독교학교가 존재하고 있고, 그 운영을 위하여 수억대의 비용을 매년 지불하고 있다. 그것은 "구별된 교육"이라는 목적을 성취하기 위하여 기꺼이 지불하는 비용이다. 목적이 없는 교육은 불필요한 것이다. 그러므로 확고한 목적이 무엇인지, 특히 최우선적인 목적(Primary Purpose)에 대한 분명하고도 명백한 인식이 절대적으로 필요하다. 그에 따라서 비로소 에너지와 자원을 총동원하여 아낌없이 올바로 사용하게 되는 명분이 생기는 것이다.

교육의 목적은 또한 교육과정의 방향을 제시해 주며 동기를 유발하고 교육평가의 기준(criteria)을 제공해 주는 등의 가장 기본적인 역할을 한다.

부모와 교사에게 보내는 권면 49쪽에는 "교육목적의 오해 때문에 심각한 문제가 야기되고 있다. 지적 개발만 중시하는 것은 일시적 유익만 추구하는 것"이라고 지적하고 있다. 그렇다면 품성계발과 봉사의 준비가 진정한 교육의 목적인가? 엘렌 화잇은 같은 책, 같은 쪽에서 품성 건설, 의로운 품성계발의 중요성에 대하여 강조하고 있다. 또한 교육 책에서는 봉사의 준비가 교육의 목적 중의 하나임을 분명히 하고 있다. 그러나 그런 것은 기독교교육 외에서도 강조하고 있다. 다른 종교나 도덕적 가르침에서도 이타심과 선함 계발을 교육의 목적으로 제시하는 것을 볼 수 있다.

교육과 수양과 의지력의 연단과 인간의 노력은 각각 상당한 분한을 가졌으나 이것들이 마음을 변화시키는 일에는 무력한 것이다. 이것들이 혹 행위의 외모적 단정을 만들어 낼 수는 있다 할지라도 마음을 고칠 수는 없으며 생애의 동기를 깨끗케 할 수도 없다. 즉 인간의 본성의 선함 계발은 치명적 오류이다.[1]

교육의 목적이 무엇인지 알려면 먼저 인간에 대하여 알아야 한다. 즉 1) 원래의 본성(Original Nature) 2) 창조의 목적 3) 죄로 인한 변화의 세 단계에 대하여 알아야 한다.

교육을 통한 하나님의 목적을 단계로 나열하면,

1. 하나님의 형상으로 창조
2. 영원토록 하나님 형상 반사
3. 영, 지, 체적으로 하나님의 형상 훼손
4. 구속의 계획으로 회복

즉 교육은 구속이며 회복의 통로(agency)라는 것이다. 그러므로 교육의 첫째 목적은 구속을 위해 학생을 하나님께로 인도하는 것이다.

여기서 창세기 1~3장이 중요하다. 하나님의 형상으로 창조(1:26, 27), 타락(3:8-10), 동료와 소원(3:11, 12) 자신과 소원(3:13), 자연과 소원(3:17-19), 생명의 근원과 분리, 사망의 대상(2:17; 3:19) 등의 이야기가 인간의 기원을 밝혀준다. 이 이야기를 요약하면 결국 인간은 완전한 상태에서 희망 없음(hopeless)과 잃어버림(lostness)의 상태로 전락하게 되었다는 것이다. 여기서 바로 기독교교육의 목표를 유추할 수 있는데 그것은 다름 아닌 “잃어버림으로부터 찾음(unlost)”이다. 누가복음 19:10에는 예수께서 잃은 자를 찾으러 오셨다고 말씀하고 있다. 이것이 바로 창세기 3장부터 계시록 20장까지의 주제이다.

교사, 선지자, 부조, 설교자, 표상적 예식, 봉사 등을 통해 하나님이 잃어버린 인간을 찾으려고 부단히 노력하신다. 그래서 마침내 계시록 21장의 회복된 에덴으로 되돌아가도록 하신다.

바로 이것이 기독교교육의 내용(context)이다.

그래서 교육은 즉 구속이라는 명제가 성립되는 것이다. 교육의 첫 번째 목적은 인간을 예수 그리스도와 구원의 관계 속으로 들어가도록 하는 것이다. 이것을 이해하지 못하면 교육을 이해하지 못한다. 즉 인간의 문제의 핵심(core of human problem)이 여기에 놓여있기 때문이다.

그러므로 교육의 역할은 인간을 하나님과 동료이웃과 자신과 자연과 하나 됨 또는 화목(at-one-ness)으로 회복시키는 것이다. 자기(自己) 중심의 인간으로부터 하나님 중심으로 바꾸어주는 것이다. 회개(conversion), 또는 중생(new birth)을 의미하는 헬라어 메타모르포시스(metamorphosis)는 원래 나방(애벌레)에서 나비로 변화한다는 뜻을 가지고 있다. 마찬가지로 그리스도인 교육도 거듭남(고전15:31; 요3:5)이다. 이것은 성령의 역사 없이는 불가능한 것이다. 그러므로 "거듭남"이 없는 교육은 실패한 것이다.

조지 나이트(George Knight)는 그의 책 「Myths in Adventism」에서 교육의 목적을 다음과 같은 도표로 정리하였다.[2]

교육의 목표

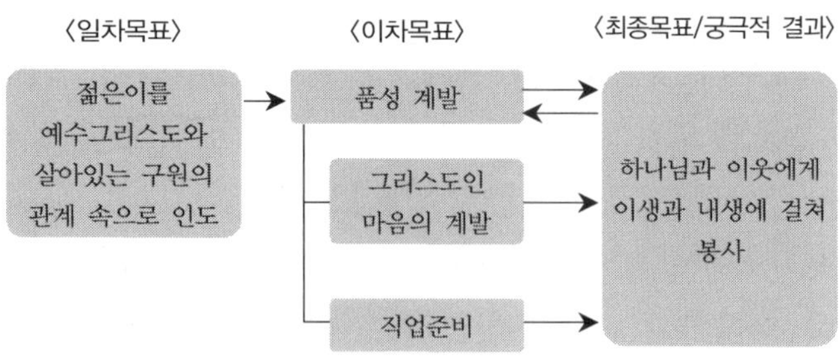

2 기독교 세계관Christian Worldview

'기독교적 교육관'은 기독교적 역사관, 기독교적 인간관 등이 그렇듯이 일종의 기독교적 세계관이다. 일종의 기독교 세계관으로서의 '기독교적 교육관'을 말하기에 앞서 '올바른 기독교 세계관'이란 무엇인지에 대해 먼저 생각해보아야만 하는 이유이다.

우리 모두가 가지고 있고, 삶에 기본적이고 필수적이며, 중요한 결정을 내릴 때마다 중대한 역할을 하는 것, 그러나 대부분의 사람은 의식하지 못하고 있는 것이 바로 세계관이다.

세계관이란 우리의 삶과 우리 주변의 세상에 대해서 개인이 가지고 있는 관념, 또는 관점이며, 삶의 우선순위나 결정을 내리는 근거가 된다. 생각을 통일해주고 가치를 구성해주며 행동을 일으키고 삶의 의미를 규정해주는 역할도 한다. 개인의 철학과 다른 점은, 세계관은 완전한 사상체계로까지 발전하지 못했다는 점이다. 세계관은 지각, 인식의 뼈대, 틀이며, 우리가 세상을 바라보는 태도이다.

기독교 세계관이라고 부르는 것들이 존재한다. 예컨대 창조론, 기독교적 역사관, 기독교적 인간관, 기독교적 경제관, 기독교적 예술관 등이 바로 그것이다. 이처럼 다양한 생각과 주장들을 다같이 기독교 세계관이라고 보는 까닭은, 이들의 주장하는 바가 겉으로 보기에는 비록 서로 다르지만, 실제로는 어떤 동일한 성격과 구조를 공유하기 때문이다.

창조론, 기독교적 사관, 기독교적 인간관, 기독교적 예술관 등 하나하나가 기독교적 세계관이면서, 이들 각각의 기독교 세계관들이 모두 모여서 또한 하나의 온전한 기독교 세계관을 이룰 수 있도록 하는 것이 필요하다.

1) 인생의 커다란 질문

세계관은 다음의 기본적인 질문의 답을 구한다. 이러한 질문들은 그리스도인 세계관의 근거가 된다.[3]

질 문	구성 요소
나는 누구인가? (Who am I?)	존재(Being)
나는 어디서 왔는가? (Where do I come from?)	유산(Heritage)
나는 지금 어디에 있는가? (Where am I now?)	상황, 환경(Context)
나는 어디로 가고 있는가? (Where am I going?)	운명(Destiny)
무엇이 잘못되었는가? (What is wrong?)	문제(Problem)
해답은 무엇인가? (What is the answer?)	해답(Solution)

2) 기독교 세계관의 기초

❶ 하나님과 피조물의 구별과 관계

피조물은 창조주에 대하여 증거한다. 모든 피조물은 나름대로의 가치와 목적을 가지고 있다. 피조물은 법칙에 지배를 받는다. 피조물에게는 희망이 있다.

❷ 인류의 창조와 죄와 은혜

인류는 지성적이고 하나님과 또 이웃과 관계를 맺을 수 있는 온전한 존재로 창조되었다. 인류는 또한 선과 악에 대하여 선택의 자유를 가진 책임있는 존재로 창조되었다. 죄로 인하여 급격한 변화를 겪었으나 은혜에 의해 구원받을 수 있는 길이 주어졌다.

❸ 역사는 연속적인 것 – 창조로부터 회복으로

하나님은 온 우주와 그 거민들을 창조하셨다. 루스벨이 하나님의 정부에 반역하고 하늘에서 쫓겨났다. 하나님이 지구를 창조하시고 하나님의 형상으로 인류를 창조하셨다. 그러나 죄가 하나님의 형상을 훼손시켰다. 그리스도 안에서 하나님이 나타나시고 그의 생애, 죽음, 부활을 통하여 구원을 이루셨다. 그리스도의 재림으로 선과 악의 대쟁투는 마쳐진다. 하나님은 악을 소멸하시고 온 우주의 조화를 회복하심으로, 재창조라는 궁극적 회복을 이루실 것이다.

3) 기독교 세계관의 가설

가 설	반대이론
1. 하나님은 모든 진리의 근원이시다.	인본주의(Humanism)
2. 하나님으로부터 온 것은 모두 가치가 있다.	헬라 이원론(Greek Dualism)
3. 하나님은 피조물 위에 계시다.	범신론(Pantheism)
4. 창조는 계획적으로 되었다.	진화론(Evolution)
5. 하나님은 피조물의 삶에 역동적으로 개입하신다.	이신론(Deism)
6. 하나님은 우리를 사회적 존재로 만드셨다.	개인주의(Individualism)
7. 인간은 환경을 초월할 수 있다.	운명론(Determinism)
8. 죄와 은혜는 실제적인 것이다.	허무주의(Nihilism)
9. 선(善)은 하나님의 품성에 기초한 것이다.	실존주의(Existentialism)

4) 기독교 세계관에서 본 교육의 위기

기독교적 관점에서 볼 때, 현재의 교육적 위기는 단순히 과정적이거나 기능적인 것이 아니요, 본질적이며 근원적인 것이다. 왜냐하면 현재의 공교육은 기독교가 만물의 근원이시며, 창조주시며, 통치자라고 믿고 있는 하나님을 배제하고, 피조물에 불과한 인간과 자연만을 그 토대로 삼아 교육하고 있기 때문이다. 기독교적 관점에서는 그러한 교육을 결코 온전한 교육이라고 볼 수 없다. 그럼에도 불구하고 오늘날 일부 기독인들은 그러한 공교육을 아무런 문제의식 없이 추종할 뿐만 아니라 오히려 누구 못지않게 옹호하며 이바지하고 있는 형편이다.

기독교적 관점에서 교육을 바라볼 때 교육적 위기의 근본적인 원인을 두 가지로 말할 수 있다. 첫째로 인본주의와, 둘째, 교육에 대한 기독교적 대안의 부재이다. 인본주의의 문제점은, 오늘날 공교육의 토대가 되고 있는 인본주의가 진리의 근원이신 하나님을 배제한다는 것이다.

기독교 대안의 부재에 관해서는 기독교의 이중적 교육구조, 이원론적 세계관, 선교와 세속교육의 공존 관계를 그 요인으로 들 수 있다. 첫째, 오늘날 기독교는 기독인을 양성할 때, 신앙과 종교의 영역에 대한 교육은 기독교가 담당하지만, 여타의 영역들에 대한 교육은 세속학교에 전적으로 위임을 하는 이중적 교육구조를 지니고 있다. 둘째로, 이 세상을 세속의 영역과 신앙의 영역으로 구분하고, 기독교는 신앙에만 관련되는 것으로 보는 이원론적 세계관을 기독교적인 것이라고 착각하고 있다.

5) 대쟁투적 관점

엘렌 화잇은 "성경을 연구하는 학생은 성경 구절을 그 전체적인 입장에서 관찰하는 동시에 그 부분적인 관계를 알아내도록 배워야 한다. 그는 성경의 중요한 중심 제목인 세상에 대한 하나님의 근본 목적, 대쟁투의 시작과 구속 사업의 기원에 대한 지식을 얻어야 한다. 그는 주권을 다투고 있는 두 가지 원칙의 성질을 이해하고, 역사와 예언의 기록을 통하여 그 큰 종국에 이르기까지 그 원칙들의 활동을 연구해 보아야 한다. 이 투쟁이 인류 역사의 갈피마다 어떻게 이루어지는지, 우리의 일상생활의 모든 행동이 어떻게 서로 반대되는 두 가지 정신 중의 하나를 나타내게 되는지, 그리고 자기가 원하거나 원치 않거나 이 대쟁투의 어느 한 편에 스스로 참여하는 자로 결정되어지고 있음을 깨달아야 한다."[4]고 기록하였다.

온 우주의 가장 큰 비극은 하나님의 품성에 대한 사단의 기만과 왜곡이다. 사단은 하나님의 품성과 계획에 대하여 왜곡된 관념을 가지고 있는 사람들에게만 그의 권세를 주장할 수 있다. 하나님에 대한 인간의 관점이 바뀌어야만 하는 것이지 인간에 대한 하나님의 생각이 바뀌어야 하는 것이 아니다. 하나님의 진정한 실체를 깨닫고 받아들이는 것이 바로 참된 구원의 기초요, 조건이요, 중요성을 이루는 것이다. 그리스도인은 하나님에게 잘 보이기 위하여 거룩한 삶을 살고자 하는 것이 아니요, 세상에 하나님을 잘 드러내기 위하여 그러한 삶을 살고자 하는 것이다. 그리스도인은 단지 개인의 구원을 전파하기 위하여만 부르심을 받은 것이 아니라, 하나님과 사단 사이의 대쟁투의 결말을 가져오기 위하여 하나님과 동역하도록 부르심을 받은 것이다.

하나님의 구속 사업의 목적은 단지 하늘의 기록에 적법한 위치를 차지하도록 사람을 변화시키고자 함이 아니요, 사람과의 참다운 교제의 관계 속에 들어가고자 함이 그분의 참된 의도이다.

3 기독교교육의 철학적 기초

"나는 지금 무엇을 가르치고 있는가? 나는 아동들을 어떻게 이해하고 있으며 어떤 환경과 조건에서 가르치고 있는가? 아동들이 어떻게 생활하기를 기대하고 있는가?"

이러한 것들이 철학적 질문들이다. 왜? 무슨 목적으로 교육시키는가? 목적에 대한 사색이 필요하다.[5]

교육철학은 다음과 같은 기능들을 가지고 있다.

1. 교육자가 교육의 기본 문제들을 보다 잘 알게 되도록 도우며
2. 이러한 문제들에 대한 대답으로 제시되는 다양한 해결책들을 보다 잘 평가하게 하며
3. 삶과 교육의 목적에 대하여 보다 명백하게 사색하도록 도와주며
4. 내적으로 일관성이 있는 견해와 실제적으로 보다 넓은 세계의 맥락에 연관되는 프로그램을 개발하는 안내를 해주는데 그 목적이 있다.[6]

철학의 내용에는 형이상학, 인식론, 가치론, 논리적 방법론이 있다.

1. 형이상학은 존재하는 모든 것(神, 자연, 인간)의 속성과 본질을 탐구한다. 실재(實在)의 본질과 상호 관계성, 그 의미

가 주요 관심사이다.

2. 인식론은 사물의 지식에 이르는 과정을 탐구한다. "지식이란 무엇인가? 지식은 어떻게 형성되는가? 지식의 조건과 한계는 무엇인가?" 등을 다룬다.
지식형성의 4가지 방법은 감각, 이성, 직관, 계시이다.

3. 가치론은 윤리적 행위에 관련된 질문들이다.
선과 악의 속성은? 어떤 것이 선악의 기준인가?
인간행위의 목적에 대한 질문들이다. "그 목적이 정당한가? 목적에 이르는 방법이 타당한가?" 하는 문제들을 다룬다.

1) 기독교교육과 철학의 관계

철학이 없는 교육은 무엇을 어떻게, 어떤 목적으로 가르치는지 모호할 수밖에 없다.

교육의 책임성, 일관성, 통일성 유지를 위해 철학은 반드시 필요하다.

교육과정에서 발생하는 다양한 문제들을 분석하고 종합하는 기능을 위해서도 교육철학이 필요하다. 예를 들면, 아동들의 이해와 행위, 태도에 대한 관찰, 감정적인 혹은 정서적 심리 상태와 변화 고려 등의 제반 문제들이다. 교육내용의 분석, 보조자료 선택, 교실환경과 분위기 정돈과 배치 등도 포함된다. 언어의 선택, 표현은 흥미를 좌우하고, 쉽고 정확한 어휘를 사용해야 분명한 개념의 이해와 전달이 가능하다. 이러한 일이 최근에 더욱더 강조될 수밖에 없는 이유는 교회나 학교현장에서 종교적, 신학적으로 난해하고 애매모호한 언어와 표현들이 너무 빈번이 사용되고 있기 때문이다. 언어와 용어들에 대한 교사의 분명한 이해는 언어의 선택, 활용에 대한 철학적 이해에서 비롯된다. 그러므로 철학적 지식이 필수적인 것이다.

철학과 교육의 관계는 분류 평가의 기능을 가능하게 해주고, 특히 기독교교육의 기본적 구조와 틀을 형성할 수 있게 해주며, 교육과정에서 발생하는 모든 문제들을 분석, 해석하고 체계있게 조직할 수 있도록 도와주는 역할을 한다.

(1) 형이상학과 기독교교육의 내용

"하나님은 어떤 분이신가?", "하나님은 어디에 계시는가?", "하나님은 인간과 어떤 관계를 갖고 계신가?", "세상은 어떻게 창조되었나?"와 같은 우주창조의 문제, 인간실존의 목적, 문화, 역사를 포함하고 있는 사회공동체의 관심을 가지는 질문 등이 있다. 하나님의 존재, 하나님과 관계 속의 인간의 이해, 하나님과 인간과의 관계의 장(場)이 되는 세계와 우주의 문제 등의 질문들이 형이상학에 속하는 것이다.

기독교교육은 형이상학적 질문으로부터 시작한다. 교육은 다른 어떤 인간 활동보다도 형이상학의 영역을 피할 수 없다. 다양한 형이상학적 신념체계들은 각각 상이한 교육방법과 상이한 교육제도를 낳게 한다.

(2) 인식작용과 신앙의 성장

"무엇이 진리인가?, 우리가 진리를 어떻게 알 수 있는가?", 지식에 도달하는 인식작용을 연구하는 것도 철학의 한 분야이다. 회의주의와 불가지론이라는 것도 철학의 소산이다. 절대적, 상대적 진리, 주관적, 객관적 경험, 선험적, 후험적 경험 모두 인식 작용과 관련이 있다.

'지식을 얻는다'는 것은 감각기관과 이성에 의존하고 있다. 감각기관과 지식의 대상이 되는 사물과의 접촉에서 시작하여 오관을 통해 일차 관문을 거쳐서, 사물을 있는 그대로 관찰하면 마음속에 내면화가 이루어진다. 내면속성(의지, 이성, 기억)을 활용하여 인식작용이 완성된다.

의지는 받아들일까? 여부를 선택한다. 이성은 이해, 판단, 비교, 분석한다. 그 후에 앎의 단계로 발선한다. 기억은 저상, 보존, 재생하여 지식을 형성시키는 역할을 한다. 여기서 감각과 이성으로 이해될 수 없는 세계에 대해서 신앙으로 받아들일 수밖에 없다. 초월적이고 계시에 의한 지식은 오직 신앙에 의해서만 가능하다.

① 감각, 이성없이 신앙이 가능할까?

로마서10:17은 "믿음은 들음에서 나며"라고 말하고 있다. 그러므로 신앙은 일차적으로 감각 기능에 의해 형성된다. 신앙교육 은 아동들의 감각기관에 의해 지각되고 내면화되는 것이다. 신앙은 감각, 이성에 의해 확증되고 성장한다.

② 신앙은 관찰되고 지각되고 경험된 사실과 일치하여 형성된 실체이다. 일상적인 인간의 경험과 하나님이 인간에게 주신 본유적(本有的) 속성(엡2:8)이 모두 관련이 있다. 인간은 신앙의 씨를 갖고 태어나는 것이다(롬1:19).

감각과 이성으로 이해될 수 없는 하나님의 계시는 성령에 의해 신앙의 성장에 역사한다. 그리스도와의 관계성 속에서 하나님을 알고 성장하게 된다.

③ 감정과 직관력은 자연 사물 관찰, 대화 등을 통하여 하나님의 현존을 감동으로 느끼게 해 준다(롬1:20).

교육의 내용을 이해하면 신앙형성과 성장을 분석할 수 있다. 교수 방법론은 신앙성장을 효과적으로 자극하고 동기를 유발할 수 있는 방법을 찾도록 도와준다.

(3) 가치론과 교육목적

도덕적 행위의 문제가 이에 관련된 것이다. 교육을 통하여 올바르게 행동하도록 지도하는 도덕적 가치관과 윤리의 문제를 다루는 것이다. 정신적 질서와 올바른 행위 사이의 조화를 실현하는 것이 중요하다.

아동의 성숙성은 합리적이고 분석적이며 지성적인 면을 의미한다. 이것은 일반 학문과 과학의 연구에 필요한 것이다. 반면에 정서적, 직관적 상상력은 예술이나 종교적 신앙에 요구된다.

지성의 가치와 도덕적 가치와 영적인 신앙의 가치가 모두 요구되는 것이다.

철학은 기독교교육의 다양한 문제들을 경험적으로 규명하고 분석하고 바람직한 대안을 제시해서 문제해결을 검증하는 종합의 기능을 수행한다.

기독교교육은 철학적 방법론에 의해 기독교교육의 목적과 그 목적에 이르는 수단과의 관계를 분명하게 규명해야 한다.

주

1. 엘렌 화잇, 정로의 계단(서울: 시조사, 1993), 18.
2. George R. Knight, *Myth in Adventism*(Washington, DC: Review and Herald, 1985), 55.
3. John W. Taylor V, *Thinking Christianly*(Unpublished Material).
4. 엘렌 화잇, 교육(서울: 시조사, 1991), 174-175.
5. George R. Knight, *Philosophy and Education*(Berrien Springs, MI: Andrews University Press, 1989), 4-5.
6. Ibid., 5-6.

제9장

신앙발달론

"신앙발달"이란 말은 심리학적인 용어임에도 불구하고 그것이 다루는 내용 때문에 신학적으로도 논의가 되고 있다. 광범위하게 말해서, 그것은 인생 전체 과정에 걸쳐 사람의 종교생활에 나타나는 지속적인 성장을 말한다. 제임스 파울러(James Fowler)와 같은 이론가들은 이 말을 보다 기술적인 방식으로 사용한다. 이 주제에 대한 보다 일반적인 이해로 시작하는 것이 왜 중요한지 두 가지 이유가 있다.

첫째, 신앙발달에 대한 최근의 논의는 인간의 평생발달을 설명하기 위하여 광범위한 심리학적 이론들에 의존하고 있다는 것이다. 이것으로부터 신앙이 평생에 걸쳐 어떻게 발달하는지에 대한 다양한 이해방식이 생겨났다. 둘째, 신앙발달 이론에 기초한 기독교교육의 목적은 한마디로 신앙의 발달이라 할 수 있다. 파울러의 이론에 따르면 기독교교육의 주된 관심인 신앙의 성장은 "발달"이 되어야 한다는 것이다. 따라서 기독교교육은 신앙의 각 단계의 고유한 특성에 충실해야 하며 평생을 통해서 지속적으로 나아갈 수 있도록 뒷받침해야 한다. 또한 신앙의 성장이란 어느 한 요소 또는 몇 가지 요소들의 성장이 아니라 전체적인 구조의 성장이기 때문에, 기독교교육은 신앙의 구조와 그 요소들을 균형 있게 정의할 수 있어야 하며 이에 적합한 교육적 프로그램을 가져야 한다. 그리고 각각의 발달단계에 따른 과업을 이행하는 것이 중요한 목적이 될 것이다.

기독교 전통은 기독교인의 생활의 성장, 전형적으로는 성화란 교리하에서, 대단히 다양한 여러 관점들을 제시한다. 교회 역사상 가장 중요하고 결정적인 논쟁 중의 몇 가지도 이 문제에 대한 것이었다. 그래서 신앙발달은 특별한 입장이나 이론에 국한되어서는 안 되고, 기독교전통의 다양한 방식으로 이해된 일반적인 분야에 대해 언급되어야 한다.

종교생활에서의 성장의 주제는 바울의 글만큼이나 기독교 전통에서 오래되었다. 예를 들어 바울은 에베소서4장 15절에서 초기교회의 신자들에게 "범사에 그에게까지 자랄지라 그는 머리니 곧 그리스도라."고 훈계하였다. 신약 전체에 걸쳐 기독교인의 생활에서의 성장에 대한 이 같은 강조는 거룩 또는 성화의 사상과 관련되어 있다. 베드로전서 1장 16절은 레위기 11장 44-45절을 인용하여서 이 주제의 핵심을 요약한다: "내가 거룩하니 너희도 거룩할지어다." 교회와 그 신자들의 거룩은 하나님의 거룩에 의존한다는 신약의 사상은 모든 교회들 사이의 공통적인 일치이다.

1 신앙발달론

1) 파울러의 신앙발달 이론

오늘날 교회가 말하고 있는 신앙은 무엇이며, 우리가 앞으로 말해야 할 신앙은 무엇인가? 또한 우리는 어떻게 그 신앙을 교육할 것인가? 그리고 신앙이 일련의 발달과정을 거친다고 한다면, 그 체계적인 틀은 무엇이며, 우리는 그러한 틀에 기초해 어떠한 교육을 준비할 수 있는가? 이러한 질문들에 대해 파울러의 신앙발달 이론은 완벽하지는 못하지만 많은 대답을 제공해주고 있다. 파울러의 이론은 『신앙의 발달 단계(*Stages of Faith*)』를 중심으로 신학과 심리학의 교차학문적 연구이다. 파울러는 기존의 신학적인 신앙에 대한 이해와는 다르게 실천적이고, 발달심리학적이며, 사회과학적으로 신앙을 이해함으로, 신앙의 역동적인 모습과 신앙이 어떻게 일평생을 통하여 질적인 변화를 겪는지를 구체적으로 제시하였다. 그는 신앙의 특성과 신앙의 구조를 자세히 제시함으로 이를 증명하고 있다.

피아제, 에릭슨, 그리고 니이버에 의존하면서, 파울러는 가치와 의미의 중심들로 구성되는 자아에 대해 말하는 종합적 단계 이론을 형성했다. 이런 발달심리학적인 기초 위에 파울러는 신앙을 일평생을 통해 일곱 번의 변화를 경험한다고 설명하고 있다. 그는 신앙의 단계를 1) 미분화된 신앙 2) 직관적-투사적 신앙 3) 신화적-문자적 신앙 4) 종합적-인습적 신앙 5) 개별적-반성적 신앙단계 6) 결합적 신앙 7) 보편화된 신앙으로 나누어 설명한다. 이것들은 다음과 같이 간략하게 설명할 수 있을 것이다.[1]

(1) 미분화된 신앙(0~4세)

이 단계는 파울러 이론에서 "전단계"라고 나오는데, 그것은 이후의 단계들에 영향을 끼치는 신앙의 기초가 되는 덕목들이 형성되는 시기이기 때문이다. 유아의 가장 초기 동안에, 아동은 자아와 주위 세계 사이를 구별하지 못한다. 생물학적 인지적 발달의 근거에서, 점차적으로만 유아는 다른 사람들을 분리된 것으로서 알게 된다. 이 시기에서 발전된 상호성의 질, 신뢰, 자율성, 희망과 용기(또는 이와 상반되는 것들)는 후에 신앙발달에서 오는 모든 것의 기초가 된다(또는 모든 것을 침해하려는 위협이 된다). 이것이 일어나기 시작할 때, 인생에 대해 기본적으로 신뢰할 만하다거나 선하다거나 두려운 것이라는 태도를 형성시킬 수 있는 중요한 타인들(그중 하나가 어머니)을 접하게 된다.

(2) 직관적-투사적 신앙(1단계, 4~7세)

이 단계는 피아제의 전조작기와 상응한다. 그 단계에서 아동들은 아직 이성을 사용하여 자신의 경험들을 질서있게 구성할 수 있는 능력이 없다. 논리적 사고가 불가능하며, 대신 무한한 상상력을 사용한다. 그런 까닭에, 이들은 사실과 공상을 구별하지 못한다. 왜냐하면 그들은 아직도 인과적 사실을 이해할 만한 능력이 없기 때문이다. 그럼에도 불구하고, 그들은 이미지 차원에서 가치와 의미의 중심들, 모호한 내적 표상들(representations)을 구성하고 있다. 공상으로 채워진 이 심상들이 후기 단계들에서 계속해서 엄청난 영향을 발휘하고, 유신론적(theistic) 환경에서 양육된다면, 그는 이미 이 단계 동안에 하나님에 대한 대부분의 이미지를 형성케 된다. 이 시기에서의 위험성은 바로 이 상상력이 지나쳐 억제될 수 없는 공포 혹은 파괴적인 이미지들에 사로잡히게 되는 것과, 반면 금기나 도덕적 교리적 기대를 강요함으로 상상력을 악용한다. 구체적 조작적 사고가 가능해지면서 다음 단계로 이동하게 되는데, 그것을 촉진하기 위해서는 그냥 그렇게 보이는 것과 실제의 모습을 구분할 수 있는 기초를 세워주어야 한다.

(3) 신화적-문자적 신앙(2단계, 초등학교 시기)

이 단계는 피아제가 구체적 조작기라고 부른 합리성을 따라 자신의 구체적 경험을 구성하는 능력의 획득과 긴밀하게 관계된다. 이것이 몇 가지 것들을 가능하게 한다. 실제 세계와 공상의 세계를 분별하게 한다. 경험을 시간적 순서로 정렬한다. 그리고 단순한 형태지만 타인의 관점에서 바라보게 된다. 이 인지적 진보가 이 단계의 가장 중요한 특성인 자신의 경험을 이야기하는 능력의 바탕이 된다. 아동들은 이제 기억하고 자발적으로 그들의 가치와 의미의 중심들을 형성하기 위한 이야기들을 만들어 낼 수 있다. 종교공동체의 일원으로 양육받은 아동들은 그들 자신의 하나님과 관계된 이야기들을 짓기 위해 그 공동체의 이야기들에 의지할 수 있다. 이 이야기들의 일부인 상징들은 문자적 형태로(그래서 이 단계의 명칭인) 이해된다. 그러나 신앙적인 이야기들을 논리구조를 따라 서술할 수 있는 반면, 설화의 주인공들을 신인동형론(神人同型論)적으로 이해하며, 또한 그 이야기로부터 성찰적인 어떤 개념을 도출하지 못하고, 설화가 표면적으로 주는 그대로의 의미를 받아들이는 경향이 있다.

(4) 종합적-인습적 신앙(3단계, 청소년 시기)

이 단계는 피아제 이론의 초기 형식적 조작기의 특성인 추상적이고 가정적인 사고와 관계된다. 이 단계의 주요한 특징은 흔히 사춘기 초기 동안에 일어나는 인지적 발전으로 타인과 그룹들의 관점을 취하는 능력을 크게 발달한다는 것이다. 그들은 이제 의미있는 타인들과 그들이 동일시하는 그룹의 기준들에 대해 민감해지며 거기에 대해 내적으로 보조를 맞추게 된다. 이 단계는 중요한 타인들과 그룹들이 주장하는 인생의 의미와 목적에 대한 인습적 개념들과 일치하는 특징이 있고 이 인습들은 암묵적으로, 즉 명시적, 비평적 검토없이 내면화된다. 그러므로 이 단계의 사람은 그들이 동일시하는 인습적 가치와 신념들에 고도로 의지하는 신앙스타일을 채용한다. 개인의 경험은 가족의 범위를 초월한 다양한 사회집단으로 확대되며, 이와 관련하여 신앙은 다양한 범위 속에서 일관된 방향을 제시한다. 이 시기는 다양한 입장의 견해들을 받아들이긴 하지만, 단지 개인에 따라 나타나는 차이라고 이해하며, 결국 자신이 속해있는 이념, 혹은 신앙의 범위에 대해 객관적이고 성찰적인 입장을 가지고 있지 못하다. 그것을 파울러는 "순응주의"라고 표현했다. 이 단계에서의 위험성은 다른 사람들의 기대가 지나치게 내면화되었을 경우 초래되는 자율성에로의 발전 가능성 상실이다. 다음 단계로 이동할 수 있도록 촉진할 수 있는 요소로는 공식적인 입장과 충돌되는 사건이나 견해들이 자신이 속해 있는 공식적인 배경들과 어떤 관계가 있는가 하는 비평적 성찰적 경험과 전망을 접하도록 하는 것이다.

(5) 개별적-반성적 신앙단계(4단계, 청년기)

교회의 많은 사람들은 이 단계나 그 이후의 단계에 도달하지 못한다. 개별적-반성적 신앙은 이전 단계에서 보다 더 형식적 조작기의 특징을 띤다. 이 단계에서, 비평적으로 자아를 선택하고 다른 가능성들과 비교된 조직적, 명료한 가치와 신념들의 새 틀을 형성한다. 이전 단계에서 암묵적으로 주장된 가치와 신념들은 이제 지시적이 되고 비평적 엄밀함을 거치게 된다. 그래서 이 단계의 사람들은 자신이 누구이며, 그리고 이제까지 사실이라고 믿어 온 내용들의 본성을 규정하려고 하는 개인화의 과정에 참여하게 된다. 추론 스타일에 있어서는 이거냐, 저거냐 하는 식의 전형적인 이분법적인 사고를 한다. 그러므로 그들은 이제까지 중요하다고 여겨온 타인이나 그룹에 대항해서 자기 자신을 규정한다. 공식적인 입장을 가지고 있던 상징에서 의미를 도출해내는 "비신화화"가 일어난다. 이전에는 중요한 타인들의 상호 인격적 범위에 근거하여 그 정체성과 신앙 구성들을 유지하였던 자아가 이제는 더 이상 다른 사람들에 대한 자신의 역할이나 의미의 구성에 의하여 정의되지 않는다. 오히려 새로운 자신의 정체성과 세계관을 가지고 자신의 의미의 틀을 구성한다. 자아와 이념에 대해 비판적인 성찰을 할 수 있는 능력이 오히려 위험성이 될 수 있다. 그것은 자신의 비판적 성찰을 통한 자아가 실재나 혹은 다른 사람들의 세계관과 지나치게 동일시되는 자기도취적 성격을 가지기 때문이다.

(6) 결합적 신앙단계(5단계, 30대 중반 이후)

이 단계의 신앙은 이전 단계의 개인화를 취하면서, 이제 자신이 가진 가치와 신념의 체계가 가진 제한성을 인식한다. 그들을 상대적이라고 말하는 것이 가장 적절한 표현은 아니지만 달리

적절한 말이 없다. 모든 진리, 특히 궁극적 진리의 인식에 대해 자신의 제한된, 규정된 관점을 인식한다. 타인과 대립하여 자신을 규정하는 대신에, 이제는 새로 발견한 개방성, 특히 이전 단계에서 자신의 가치와 다른 사람과 그룹들에 대해 개방성을 갖는다. 이 단계의 명칭이 보여주듯 이 단계의 사람은 복합적 관점들을 함께 고려하는 경향을 지닌다. 심지어 역설적 관점들까지도 포용하려고 한다. 이 신앙의 단계에서는 상징들을 그 개념적 의미로 축소하는 경향이 있는 4단계를 넘어서 상징을 그대로 인정하며 복합적 진리들을 표현하는 것으로써 상징을 보려고 한다. 이전의 신앙이 자주적인 신앙이라고 한다면, 이 시기의 신앙은 내적으로 성숙한 신앙이다. 자신이 속한 집단에만 국한되지 않는 인정과 포용의 신앙이다. 파울러는 이 시기에서 또한 일어날 수 있는 위험요소는 진리에 대한 역설적 이해로 인하여 자족감 혹은 냉소적인 후회가 일어날 수 있는 점이라고 지적했다.

(7) 보편적 신앙(6단계)

이 단계에 도달하는 사람은 극히 드물다. 이전 단계의 관점 위에 건설하면서, 보편적 신앙은 이제 이 복합적 관점들이 근거한 초월적 자원을 이해한다. 그것은 모든 것 위에 있는 그 무엇을 의식한다. 모든 그룹과 사람들을 포함해서 모든 것은 이 초월적 근거를 기반으로 한다. 보편화하는 인식은 보편적 공동체의 정체를 파악하려고 한다. 이 단계의 사람들은 복합적 관점들과 진리 사이에 긴장을 유지하면서 보편공동체를 위하여 기꺼이 자신을 바치려고 한다. 그들은 특히 보편적 가치를 부정하며 이 보편공동체의 구성원들을 배타하거나 억압하는 사회구조에 민감하게 반응한다. 이 단계의 사람들은 그래서 현실에 존재하지 않는 보편 공동체의 비전을 말하고 그의 실현을 위해서 일하기 때문에 권력자들과의 사이는 나쁘다. 파울러는 이 단계에 도달한 인물로서, 간디(Gandi), 말년의 마틴 루터 킹 2세(Martin Luther King, Jr.), 캘커타의 테레사 수녀 등을 소개했다.

2) 발달단계에 따른 교육방법

신앙교육은 각 단계별로 다른 방식에 의해 이루어져야 한다. 왜냐하면 각 신앙단계별로 신앙을 획득하는 방식이 차이가 나기 때문이다.[2]

영아기의 미분화된 신앙의 단계에는 주로 무의식을 통해 기초적인 신뢰를 형성한다고 하였다. 즉 자신을 양육하는 자와의 질적 관계를 통해 무의식적으로 기초적인 신앙이 형성된다는 것이다. 따라서 이 시기에는 참된 사랑을 가지고 진실하게 교육하는 태도가 중요하다. 손길, 눈빛, 목소리, 태도 등에 지속적이고 일관된 애정이 담겨 있을 때, 무의식 속에서 영아는 양육자는 물론, 세상에 대해 신뢰와 희망을 형성하게 된다. 하나님은 모든 인간에게 천부적인 "신앙의 씨앗(seed of faith)"을 심어주셨다고 존 칼빈이 말했다. 영아기에 일차적인 사람인 엄마와 돌봄을 제공해주는 사람과의 관계적인 상호성의 경험에 의해 나타나는 "기본적 신뢰"를 원천으로 해서 그 신뢰감이 영적인 개념으로 성장하는 것이 신앙이라는 것이다.

(1) 직관적-투사적 신앙의 단계

유치부에 해당하는 이 시기는 자기와 가장 깊은 관계를 맺고 있는 어른들이 보여주는 신앙의 본보기들, 교회의 분위기, 행동, 이야기들에 의해서 매우 강력하고도 영속적인 영향을 받게 된다. 따라서 이에 해당하는 교육방법으로는 놀이와 예배를 통한 공동체 교육을 통해서 경험하는 예수님의 사랑을 서로 느끼고 나누는 교육이어야 한다. 논리적 사고가 불가능한 시기다. 주로 상상력을 통해 세상을 이해한다. 따라서 상상력으로 기독교적인 이미지를 형성하는 교육방법을 사용해야 한다. 글자보다는 전체적인 형상을 나타내주는 그림, 상상으로 그림을 그릴 수 있도록 유도하는 이야기, 주제의 이미지를 내포하고 있는 음악, 혹은 주제가 들어있는 극들(인형극, 드라마, 만화 등)을 사용하는 방법이 효과적이다. 이 상상력을 이용한 교육방법은 발달의 전 단계를 통하여 활용되어야 한다. 특히 파울러는 상상력을 곧 신앙으로 보았고, 우리의 모든 "앎"은 우리가 경험한 것들을 의식을 초월한 방법, 즉 '이미지'의 형태로 구성한다고 함으로써 "앎"의 방법으로써의 상상력을 중요시했다.

(2) 신화적-문자적 신앙의 단계

이 단계의 어린이는 혼돈과 환상으로 채워진 세계가 질서를 찾게 되며 좀더 문자적으로 이해하게 되지만 아직은 신화적이다. 어린이 자신이 속한 공동체 속의 이야기, 관습, 의식 등에 대한 상징화가 일어나기 시작한다. 이 단계의 교수방법으로는 어린이들에게 이야기를 들려주고, 노래, 의식, 춤, 스토리텔링 등의 실제적인 것을 보여 주는 것이다.

논리적 사고가 가능한 시기이므로, 논리적 사고를 이용하는 방법을 사용해야 한다. 신앙적인 이야기가 담긴 그림들을 논리 구조에 따라 배치하도록 하거나, 논리적으로 신앙적인 이야기를 전개해 나가면서 결과, 혹은 그 원인에 대해서 생각해 보도록 유도하는 질문이 좋다. 어린이들이 나름대로의 판단으로 대답하는 내용에 있어서는, 신앙적인 이야기를 문자적으로 이해하는 한계를 전제하고 받아들여야 한다.

(3) 종합적-인습적 신앙의 단계

일반적으로 청소년기의 신앙방식으로써, 자아정체감을 형성해야 하는 과제를 안고 있는 시기다. 자신의 삶의 방향성을 제시해주는 가치에 대한 헌신이 이루어지며, 그 가치를 중심으로 세계관을 형성한다. 청소년들이 헌신할 수 있는 공동체, 혹은 삶의 모델을 제시해 주는 것이 필요하며, 기독교 신앙에 가치를 두도록 성서를 스스로 탐구해 보도록 하는 것이 좋다.

(4) 개별적-성찰적 신앙의 단계

이전까지 형성해왔던 가치와 신념에 대해 묻고, 비판해보고, 재조정 시기다. 공식적인 입장으로부터 개별적인 자신의 신앙을 구별해 낼 수 있도록 하는 활동이 필요하다. 자유로운 의사의 표출이 보장된 비교 토론이나 자신의 입장을 표현할 수 있는 역할극 등이 좋다. 공식적인 입장을 전해주기보다는 각자가 자발적으로 선택하여 동의할 수 있는 것을 나눌 수 있도록 하는 것이 필요하다. 기존의 교육은 자유롭게 신앙적인 회의와 고민들을 드러낼 수 있는 환경을 조성해 주지 못함으로 인해 이러한 개별적-성찰적 신앙에로의 전이를 불가능하게 했다.

(5) 결합적 신앙

4단계의 자주적인 신앙을 넘어선 통합적이고 수용적인 신앙을 말하며, 자신의 입장이 갖는 한계점을 인정하고, 자신과 다른 입장들도 받아들이고 인정할 수 있는 신앙을 가지게 되는 단계이다. 자주적으로 선택한 신앙이 전통이나 개인의 편견에서 출발한 부분적 측면임을 발견하게 해야 한다. 참된 신앙은 무엇인지를 사실 그대로 파악하게 해야 한다.

(6) 보편적인 신앙

이전과 구분된 특별한 신앙방식이 없으며, 오히려 5단계를 삶 속에 내면화한 단계이다.

인간적인 측면에서의 신앙을 말하였다고 하는 파울러도, 이 단계에 이르게 된 사람들은 자신의 힘이 아닌 하나님의 섭리와 역사의 긴박함에 의하여 도달하게 되었다고 함으로써, 구체적인 교육방법을 제시하기 힘들게 했다.

3) 신앙발달에 근거한 교수-학습의 원리

먼저 미분화된 신앙에서는 부모와의 신뢰의 관계가 가장 중요함으로, 부모교육에 특별한 관심을 기울여야하며 돌봄의 모델을 제공해야 한다. 1단계에서는 은유적 앎의 접근에 초점을 맞추어 구체적인 경험과 함께 교육해야 한다. 성경의 많은 이야기들은 어린이들의 상상력과 맞물릴 수 있고, 이는 어린이들이 하나님에 대한 이미지를 구성할 수 있는 좋은 자료들을 제공해 줄 것이다. 2단계는 공동체에 속한 이야기와 경험이 중요하므로, 성경이야기와 성례, 상징, 그리고 교회력을 연결시킬 중요한 기회를 제공해 주어야 한다. 3단계는 그들이 살고 있는 환경과 다른 국가적, 종족적 또는 사회계층적 배경의 사람들의 관점을 받아들일 기회와 도전을 제공해 주어야 하며, 정기적으로 기도 및 영성의 새로운 형식의 발전과 실천을 제공해 주는 것이 중요하다. 4단계는 자신의 신념 및 가치의 내용에 대한 비판적 성찰과 삶에 대한 분명한 이념적 방향성의 구성에 대한 주의를 필요로 하는 단계이다. 따라서 초기 성인이 교회의 선교 및 사역 안에 실천신학적 안내의 비판적이고 건설적인 과제에 참여할 수 있도록 도와야 한다. 5단계는 복음의 역설적 진리를 생활화하는 것을 배우는 단계이므로, 이들은 헌신과 소명의 모델로써 그들의 역할 안에서 격려 받고 양육받을 필요가 있다.

2 기독교교육의 학습이론

1) 학습의 정의

교수-학습에 있어서 지적(知的) 산파역할을 하는 것이 교사이다. 교사는 학습촉진자일 뿐이고 학습자 자신이 학습을 해야 한다.

학습의 정의를 내리자면 "경험의 결과로써 영속적인 변화가 일어나는 하나의 과정"이다. 여기서 과정(process)이 바로 핵심용어이다. 학습자의 경험 속으로 들어오는 많은 요소들 사이의 융화와 결정이 지속적으로 상호작용하는 것이 학습과정이다. 이것은 마치 흐르는 강물과 같아서 누구든 두 번 다시 똑같은 물을 건너지 않는다. 마찬가지로 교사는 동일한 학습자를 두 번 다시 만나지 않는다.

교실 안에서 일어나는 일은 교실 밖의 생활의 영향을 받는다. 무경험과 백지 상태로 학교, 또는 교회에 오는 사람은 없다. 자신이 가지고 있는 관심, 선입관, 가치 기준, 기쁨, 고통, 열망, 원한, 필요에 따라 여러 가지 다른 상태이다. 교사는 어느 때건 자기가 가르치는 학생들의 심리적 준비성을 확실히 알고 있어야 한다. 그렇지 않을 경우 그의 노력은 실패로 돌아갈 수 있다. 왜냐하면 교수목표가 학생의 출발점과 동떨어져 있기 때문이다.[3]

심리적 준비성 외에 교사는 자신이 가르치고 있는 학생들에게 끼치는 사회적, 문화적 영향을 알아야 한다. 경험하는 대상과 방법에 따라 강한 자극을 줄 수 있어야 한다. 배우려고 하면, 즉 성장하려면 자극이 필요하다. 대부분의 경험들은 엄밀히 말해 성장이나 학습을 자극할 수 있는데 이는 우리가 거기에 대하여 준비가 되어 있기 때문이다. 때로 어떤 경험들은 우리가 거기에 대하여 준비가 되어 있든 않든 우리에게 배울 것을 강요한다. 간단히 말해서 이것이 학습 과정에서의 의미 있는 경험의 역할이다. 교사는 학생이 어떤 경험을 의미 있게 받아들이느냐에 민감해야 한다. 그 까닭은 그것들을 복음과 연결해야 하기 때문이다.

씨 뿌리는 자의 비유에 보면, "세상 염려와 재리의 유혹과 기타 욕심이 …… 결실치 못하게"(막4:18, 19) 한다. 새로운 지식은 이미 가지고 있는 기존 사상의 틀 위에 흡수되는 것이다. 수정,

재정비, 변형, 변화, 기존 태도를 조절, 강화, 재구성 등을 통하여 보다 넓은 스펙트럼에 영향을 주게 된다.

학습의 또 하나의 특징은 변화이다. 변화가 없다면 학습도 없다. 그러나 학습을 통한 변화가 이루어지려면 대가가 필요하다. 왜냐하면 인간에게는 현상유지, 안정 상태, 머무르려는 본능이 있기 때문이다. 학습은 또한 영속적 변화를 가져와야 한다. 학습은 기억과 관련이 있는데 기억이 요구하는 것이 영속성이다.

기억력은 인식과 회상으로 이루어진다. 그중에 인식이 더 쉽다. 시지선다형이 주관식보다 쉬운 이유이다. 회상이 더 영속성을 요구한다. 상황의 유사성, 즉 학습 당시의 상황의 반복이 영속적인 회상에 도움을 준다. 세부사항 모두를 회상하지 못한다고 학습이 이루어지지 않은 것은 아니다.

학습은 경험의 결과일 때 가장 영속적인 효과가 있다. 교사는 잠정적으로 의미있는 경험들을 제공함으로써 학습과정을 일으킬 수 있다. 교사의 주된 과제 중의 하나는 이런 의미 있는 경험들을 자기 교수에 통합하는 방법을 모색하는 것이다. 그리스도인 학습은 영적인 경험을 포함한다(요16:13 진리의 성령이 오시면……).

삶 자체가 학생들에게 여러 가지 의미 있는 경험을 제공하지만 교사가 잠정적으로 의미 있는 경험을 창출해야만 할 때가 있다. 교사는 학생이 어떤 경험을 의미 있게 받아들이느냐에 깊은 관심을 가지고 때를 얻든지 못 얻든지 복음을 소개하기 위하여 최선을 다해야 한다.

2) 학습의 차원

건전한 교육과정을 개발하기 위해서는 내용전달 중심의 전통적 교육방법이 초래한 신앙과 생활의 분리를 극복하려는 보다 바람직한 학습원리가 정립되어야 한다. 기독교교육이 목적하는 "새로운 피조물"로의 삶의 변화는 사실을 알고 기억하는 것만으로 학습이 다 이루어진다고 할 수 없다. 사람은 생각할 뿐 아니라 느끼고 행동하고 의도한다. 그러므로 진정한 학습은 다음의 네 가지 차원에서 전인격적으로 이루어져야 한다.

(1) 인지적 차원

보통 학습이라 할 때 떠오르는 것이 이 사고(thinking)의 차원이다. 이것은 암기, 이해, 설명, 적용, 분석, 통합, 평가를 포함한다. 기독교가 무엇인지에 대한 이해도 없이 무조건 믿으면 열광주의나 광신, 감성주의에 빠지기 쉽다. 인지적 차원의 학습은 기독교교육에서 가장 기본적이다.

(2) 감정적 차원

이 차원은 대체적으로 무시되어 왔으나, 최근에 와서 학습이 주제나 문제점에 대한 학습자의 감정(feeling)과 연관성이 있음이 차차 인식되고 있다. 감정은 흥미, 태도, 가치를 포함한다. 학습자는 그들이 배우기 원하는 것을 배운다. 정서화한 학습은 동기화가 잘 이루어지고 효과적 결과를 낳는다. 기독교 신앙은 사실과 지식을 아는 것만으로는 부족하다. 실생활과 연관되어 느끼고 체험함으로써 학습되어 진다.

(3) 행동적 차원

이것은 어떤 행동을 유발시키는 기술과 능력을 개발하고 행동해 가는 것이다. 기독교 신앙 안에서 교육은 개인과 사회의 변화를 가져와야 한다. 따라서 인지적, 감정적으로 학습된 내용은 학습자의 활동과 참여로 다시 심화된다. 예를 들어 기도가 무엇인지 알려면 실제로 기도를 해보아야 한다.

(4) 의지적 차원

이 차원은 성서적인 것이다. 이것은 반성과 실행을 포함하며, 자신의 전 생애를 어느 한 방향으로 향하게 하는 것이다. 행동의 차원이 특정한 행동이나 참여를 의미한다면, 이 의지적 차원은 장기간의 실행을 일컫는 것이다. 학습한 기독교의 진리를 자신의 삶의 각 상황에서 스스로 선택하고 판단하여 실행하고 자신의 선택에 대한 책임을 지며, 결국 진리가 그의 삶을 변화시킬 때 학습이 완성된다.

학습의 네 가지 차원을 기도에 대한 학습을 예로 들어 설명한다면, 먼저 시편에 있는 기도문과 주기도문을 연구, 분석하여 기도란 무엇이고 어떻게 해야 하는가를 학습하는 것은 인지적 차원이다. 이제 자신이 기도에 대한 태도를 돌아보고 반성하며 무엇을 어떻게 기도할 것인가를 스스로 묻는 과정은 감정적 차원의 학습이다. 그리고 일정기간 동안 날마다 시간을 정해놓고 기도와 명상을 하기로 결심하고 그대로 행동하는 것은 행동적 차원의 학습이다. 학습이 끝날 무렵 이런 경험의 의미를 재검토하고 앞으로 일생 이렇게 기도의 생활을 계속하기로 결심하고 서로 격려해 주는 것은 의지적 차원의 학습이다. 이러한 모든 과정을 통해서 기도에 대한 학습이 이루어진다.

3) 학습의 장애물

많은 경우에 있어서 학습이 제대로 이루어지지 않는 것은 교사나 학생 편의 열성의 부족 때문이라고 하기보다는 예기하지 않았던 부수적인 요인의 결과인 경우가 대부분이다. 그중의 몇 가지를 열거해보자.[4]

① 청각 신호가 제대로 전달되지 않은 경우이다.

학습자 편에서 잘못 알아듣는 실수 때문이거나, 교사 편에서 오발음, 또는 주변 소음 등이 원인일 수 있다.

② 지각세포는 중앙 신경계통을 자극해서 전달하는 역할을 한다. 이때 학생 편에서 공상으로 생기는 부주의로 인하여 메시지 전달이 이루어지지 않을 수 있다.

③ 신경계통에 전달된 자극은 의미 있는 형태로 변형되어야 한다. 이 과정에서 여러 가지 변수가 있을 수 있다. 학습자의 정서적 상태, 자각, 선험, 가치 체계, 언어 기술 등에 의하여 의미 있는 형태로의 변형이 이루어지지 않는 것이다.

실제로 학습이 준비된 원고(강의교안)대로만 발생할 것이라고 누구도 보장할 수 없다. 그룹 토의 등과 같은 참여하는 학습경험이 일방전달보다 기억에 훨씬 도움을 주며 깊이 있는 학습으로 유도한다. "또래 간의 대화"는 사춘기 학생들에게는 절대적인 호소력이 있다. 효과적인 토의지침은 첫째, 비형식적 토의와 조직적 토의를 구별해야 한다. 둘째, 교사는 아주 구체적이고 행동 지향적 목표를 가진 토의가 되기를 원한다는 식으로 이끌어 가야 한다. 효과적인 토의를 위해 교사는 시간을 통제하고, 토의의 분위기를 조성해야 한다.

교사는 단순반복이 아닌 아이디어를 자신의 말로 바꾸어 즉흥적으로 설명하는 방법을 익혀야 한다. 이것은 학습자를 단순히 귀를 가진 존재 이상으로 취급하는 것이다.

요한복음8:43에 나오는 "깨닫다"를 뜻하는 헬라어 <기노스케인>은 단순한 인식개념을 초월하는 뜻을 가지고 있다. 이것은 전인적인 이해요, 삶을 뜻한다. 교사는 그 학생이 자신이 이해하고 깨달은 것을 삶에 동화시키도록 돕는 역할을 해야 한다. 동화의 목표는 이론을 실천으로, 이상을 현실로, 개념을 자신의 삶의 스타일에 통합된 부분이 되도록 바꾸는 것이다. 교사는 실천의 기회, 즉 새로운 삶의 스타일을 시도해 보도록 하는 기회를 제공할 수 있어야 한다.

기독교교육의 학습은 고통스러운 대가를 요구한다. 단순히 듣는 것이 이해보다 쉽다. 또한 단순히 이해하고 넘어가는 것은 실천에 옮기는 것과 전혀 별개의 문제이다. 학생들이 자신의 삶의 스타일을 바꾸기 위해, 새로운 가치나 태도를 반영시키기 위해, 행동 양식을 바꾸기로 하는 것은 대단한 결단이다. 학생들이 결단하는 데는 자유가 주어져야 한다. 그러므로 교사는 이 마지막 단계의 학습과정에서 기회, 충고, 그리고 격려를 제공해야 한다.

3) 교사와 학생, 그리고 성령

성령과 인간 교사의 관계에 대한 의견은 크게 네 가지로 나눌 수 있다.[5] 첫째, 성령이 인간 교사들을 배제하신다는 견해로 신비주의와 주관주의자들의 주장이다. 성령께서 신자들을 직접 조명하시기 때문에 인간 교사가 필요없다는 것이 그들의 주장이다. 두 번째 견해는 성령이 인간 교사의 노력을 대신한다는 것으로 앞서의 것과 비슷하나 앞서의 것은 교사의 필요성 자체를 배제하나 이것은 교사의 준비, 연구 그리고 노력의 필요성만을 배제한다는 점이 다르다. 세 번째로 성령이 교육에 각주(脚註)를 다신다는 견해로 인간 교사가 가르친 내용에 성령께서 각주(footnote), 또는 축복을 첨가하신다는 것이다. 마지막으로 이상적 교육과 학습형태의 완비가 곧 기독교학습과 성장을 초래한다고 주장하는 자들의 견해로 이들은 성령이 전혀 불필요하다는 입장을 취하고 있다. 위의 네 가지 의견은 모두 성령과 인간 교사에 대한 그릇된 판단에서 나온 잘못된 견해들이다.

성령의 사역과 인간 교사의 사역은 그 성질상 다르다.[6] 성령과 인간 교사의 관계를 교육원리 면에서 보면 인간 교사는 교육원리의 창조자가 인간이 아닌 하나님이라는 것을 기억하여 성령과 협력하는 것이 필요하다. 교육경로 면에서 볼 때 성령께서는 인간 경로(channel)나 도구를 통해서 교육하고자 하신다. 그러므로 인간 교사는 성령을 주체로 인정하고 자신을 겸손하게 수단으로서의 역할을 다할 수 있도록 성령에게 완전히 고용되어야 한다. 하나님의 말씀 면에서 성령께서는 외부적인 말씀을 내부적인 경험으로 변화시킨다. 반면에 인간 교사의 과제는 학생들에게 외부적인 말씀을 선포하되 그것을 자기 자신들의 내부적 경험을 통해서 표현하는 일이다. 그러나 학생들의 내부적 자아에 스며들어가서 그 자아를 형성해 가실 수 있는 분은 성령뿐이시다.

인간 교사는 겸손하게 자신의 능력을 의지하지 않고 하나님께 의지하는 사람의 협력을 통해서 성령께서 교육행위를 이룩하신다는 것을 알고 하나님의 인도와 힘을 받아들이려는 마음의 준비와 성령께 자진해서 복종하며 자기중심적인 생활을 멀리 하여야 한다.[7]

주

1. James W. Fowler, *Stages of Faith*(San Francisco: Harper & Row, 1981), 117-213.
2. James W. Fowler, *Faith Development and Pastoral Care*(Philadelphia: Fortress Press, 1987), 53-77.
3. 루시언 E. 콜만 II세, 박영철 역, 교육하는 교회(서울: 요단출판사, 1986), 71-73.
4. 상게서, 78-79.
5. Roy B. Zuck, 권성수 역, 성령과 교육(영음사, 1976), 67-73.
6. Ibid, 91-97.
7. Lois E. LeBar, 정정숙 역, 기독교교육의 기초(세종문화사, 1980), 328-332.

제10장

그리스도인 교사

"참된 교육은 이를 받아들일 만한 준비나 힘이 없는 마음에 주입식으로 교훈하는 것이 아니다. 지능이 일깨워져야 하며, 흥미에 의한 동기유발이 있어야 한다. 이를 위하여 하나님의 교육 방법이 준비된 것이다."[1]

"교육은 대부분 무슨 동기에 호소하는가? 그것은 이기주의에 호소하고 있다. 오늘날 행하여지고 있는 교육의 대부분은 왜곡된 교육이다. 이기적인 야심, 권세욕, 인류의 권리와 필요를 무시하는 일 등은 세상의 저주가 되는 일로 참된 교육은 그것을 중화시키는 영향을 발휘한다."[2]

예수께서는 처음 제자들을 만났을 때 "무엇을 구하느냐."(요 1:38)는 질문으로 대화를 시작하셨다. 이것이 바로 학습에 대한 동기부여의 좋은 사례이다. 막바로 본론으로 들어가는 것보다 질문으로 시작하는 방법이다. 예수의 질문에 대하여 "랍비여 어디 계시오니까."라는 반응이 나왔다. 그러자 "와 보라!"(39절)는 대답으로 호기심을 유발하였다. 직접적인 대답보다 학습자의 마음속에 스스로 해답을 구할 수 있을 만큼 충분한 암시를 주는 방법이었다. 마침내 제자들에게 "우리가 메시야를 만났나!"(41

절)는 감격의 외침이 터졌다. 예수의 동기유발 방법이 성공한 것이다.

요한복음4:6-26에서 사마리아 여인과 대화하는 장면에서도 같은 방법이 동원되었다. 예수께서는 마음 문을 닿고 있었던 이 이방여인의 동기를 불러일으키기 위해 세심한 주의를 기울렸다. 우물가에서 물을 길어오르는 문제에서 시작하여 "영생하도록 솟아나는 샘물"에 대한 호기심으로 유도했다. 남루하고 지쳐보이는 행색의 한 유대인으로 예수를 평가했던 여자가 마침내 "내가 보니 선지자네요."하는 감탄을 일으키게 유도하였다. 그러나 재빨리 자신의 치부로부터 종교적 논쟁으로 화제를 돌리려는 여자에게 예수께서는 침착하게 종교적 토론을 회피하였다. 가장 중요한 것은 개인의 필요였다. 그것이 핵심이었고, 최고의 동기유발의 주제였다. 사마리아 여인이 질문한 것은 현대적으로 풀이하면 "이 교회가 옳습니까, 아니면 저 교회를 다녀야 합니까."라는 매우 심각한 질문이었다. 오늘날 우리도 예수를 만난다면 아마 이 질문을 하였으리라. 그러나 "어느 교회에 다니는가, 어느 종교에 속해 있는가."라는 문제가 사람을 구원하는 것은 아니었다. "신령과 진정"으로, 즉 거듭남과 진리로 하나님을 예배하는 하나님 백성들을 그분은 찾고 계신다. 마침내 이 여인도 메시야를 만나는 감격을 누렸다.

바울은 "익숙한 것"으로부터 "낯선 것"으로 유도하는 동기 유발의 방법을 사용하였다. 사도행전17:19에서 아레오바고의 헬라인들에게 그 유명한 설교에서 "범사에 종교성이 많도다."(22절)는 인정으로부터 시작하여 결국 "알지 못하는 신(神)"으로 호기심을 유발하였다.

| 예수와 사마리아 여인 |

오늘날 그리스도인 교사에게 가장 필요한 것 중의 하나가 바로 동기유발이다. 기독교교육의 시작을 위하여 중요한 것은 무엇보다 관심 끌기이다. 아무리 좋은 내용이 준비되었다 하더라도 흥미가 없어 관심을 끌지 못한다면 모든 준비가 헛수고가 될 것이다. 교사가 가르쳐야 될 성경의 내용이 학습자들과 전혀 무관하며, 그들의 욕구와 상관없는 것이라면 학생들은 벌써 성경공부의 도입 부분부터 흥미를 잃고 교사가 가르치는 내용에 주의를 기울이지 않을 것이다.

1 동기부여자로서의 교사

대부분의 학생들은 학습에 대한 의욕이 없이, 의무감 또는 가족의 기대, 사회적 교제를 위해 학교나 교회에 나오게 된다. 희미하게 학습의욕을 가지고 있는 학생도 있다. 어쨌든 대다수는 진정으로 배우기를 원하는 것이 무엇인지 모르는 상태로 나온다.

당연히 그들에게는 학습의 목적이 없다. 따라서 학습목표 달성이 애초부터 불가능하다. 가장 시급한 것은 학습의 이유를 깨닫도록 해야 한다. 사람들에게는 잠재 에너지가 있다. 이 에너지는 평소에 어디에 있는지 모르다가 꼭 필요한 곳에 방출된다. 자신에게 흥미나 관심이 없는 곳에는 전혀 이 에너지를 사용할 이유도 없고 목적도 없지만 자신이 필요한 것이라고 느끼게 되면 반드시 이 에너지를 동원하게 된다. 그러므로 동기 부여가 관건이다.

어떻게 하면 이 필요성을 느끼도록 할 수 있을까? 먼저 목표에 비추어 직접적인 관계가 없다고 생각되는 내용은 과감하게 잘라버려야 한다. 반면에 목표와 관계된 내용이라고 생각되면 그 부분을 더 크게 확대해야 할 것이다. 특히 성경공부에 흥미를 느끼지 못하게 하는 것은 지루한 내용의 장황한 전개이다.

교사의 일방적인 수업진행은 또 하나의 문제이다. 교사 혼자 일사천리로 수업을 진행할 때, 학생이 할 일이라고는 그저 소위 모범적인 태도로 조용히 듣는 것이 고작일 것이다. 일반적으로 교사들이 가지고 있는 왜곡된 개념에 대하여 헤르만 호온(Herman Horn)은 9가지를 지적했다.[3]

1. 교사는 가르치고 학생들은 가르침을 받는다.
2. 교사는 모든 것을 알고 학생들은 아무것도 모른다.
3. 교사는 생각하고 학생들은 생각의 대상이 된다.
4. 교사는 말하고 학생들은 얌전하게 듣는다.
5. 교사는 훈련시키고 학생들은 훈련을 받는다.
6. 교사는 선택하여 자신의 선택을 강요하고 학생들은 동의한다.

7. 교사는 행동하고 학생들은 교사의 행동을 통해서 행동한다는 환상을 갖는다.
8. 교사는 자신의 권위를 자신의 직업상의 권위와 혼돈하고 그 권위로써 학생들의 자유를 억압한다.
9. 교사는 학습과정의 주체이고 학생들은 단순히 객체일 뿐이다.

그 결과 학생들은 성경으로부터 직접 하나님의 말씀을 듣기보다는 교사에 의해 한번 걸러진, 잘못 해석된 말씀까지도 받아들여야 하는 입장에 처하게 된다. 오늘날 수많은 성경공부 교재의 문제점으로 지적되는 것도 역시 이 문제이다. 개인적 요구에 자극을 주는 학습과업을 소개해 주는 것이 시급한 과제이다.

또 하나의 과제는 장애요소를 극복해 주는 것이다. 장애요소의 실례는 새 주장을 발표하다가 웃음거리가 되는 모험보다는 차라리 항상 침묵으로 일관하는 일, 자격지심 때문에 남들 앞에 나서기를 거리끼리는 일 등이다.

안내자로서의 교사의 역할에 대한 새로운 이해가 요구된다. 기독교 진리를 탐구하는 일은 성령의 인도하심에 의존하는 것이 필수적이다. 따라서 그리스도인 교사는 반드시 성령과 교통함이 필요하다. 교사의 역할은 길을 제시하는 것이다. 지적인 자극을 주고 연구할 분야를 규명해주는 일도 교사의 역할이다. 그렇게 해서 결국 학생이 진리를 찾을 수 있도록 하는 것이다. 학생이 스스로 찾는 기쁨을 교사는 결코 빼앗지 말아야 한다. 그렇게 하는 방법 중의 하나는 단답형 질문이 아닌 본문의 의미를 묻는 것이다. 그리고 학생에게는 맞느냐 틀리느냐를 판단하는 문제보다는 창의적으로 답변할 수 있는, 즉 학생들의 대답이 각기 다를 수 있는 끝이 열린 개방적인 질문을 해야 할 것이다.

2 그리스도인 교육자 The Christian Educator

1) 각종 방법Teaching Techniques

현대에는 효과인 교수를 위하여 각종 기법들이 고안되어 있다. 교수기계(Teaching Machine), 교수보조재(Teacher Aids), 시청각기재(Audiovisual Techniques), 열린 교실(Open Classroom), 팀 교수법(Team Teaching), 텔레비전 수업(Instruction by Television), 행동목표(Behavioral Objectives), 컴퓨터 수업(Computer-controlled Learning) 등등.

그러나 아무리 좋은 기법이 동원된다 하더라도 모든 것은 좋은 교사에게 달려 있다. 교사와 학생 사이의 상호 보살핌과 존중심 이 모든 것을 좌우한다.

로저 더들리(Roger Dudley) 교수는 "십 대들의 신앙의 거부에 있어서 그들의 고교교사의 신앙의 신실성보다 더 중요한 역할을 한 요인은 없다."[4]라고 설파했다. 그리스도인 교육을 한다고 하는 학교의 성패 (또는 존폐)는 그리스도인 교사에게 달려 있다. 훌륭한 교사 없이는 훌륭한 교육이란 있을 수 없다.

교육은 즉 구속이다. 교사는 하나님의 동역자이다.[5] 에베소서 4:11의 "목사와 교사"라는 표현에서 "와"는 헬라어 kai로, "즉"이라는 뜻이다. 동격을 의미하는 것이다. 그러므로 교사는 학교라는 교구에서 일하는 목사이고, 목사는 교회 또는 대중을 위해 일하는 교사이다. 우리 기독교학교의 모든 교사는 목사이다.

"교사들은 마치 목자가 자기의 거느린 양 떼를 잘 지키고 살피는 것처럼 학생들을 보살펴야 한다. 저들은 마치 그 일로 인해서 심판을 받을 것처럼 영혼들을 돌보아야 한다."[6]

2) 가르침의 진수

엘렌 화잇은 교사의 의무는 자기 학생들의 구원 문제이다.[7]라고 하였다. 또한 그리스도께서 각 사람에게 새로운 생애를 살 기회를 주신 것처럼, 희망의 교사가 되어야 한다고 했다. 좋은 선생은 사람을 얼마나 믿느냐에 달려 있다.

"학교와 인생에서 실패하는 원인 두 가지는 사랑과 자신감(self-worth)의 결핍이다. 그 사랑은 자신으로부터, 부모, 교사로부터의 사랑을 의미한다."[8]고 글래서는 지적했다.

자성예언(Self-fulfilling Prophecy)이라는 교육용어가 있다. 스스로 그렇게 믿는 대로, 기대하는 대로 이루어진다는 것이다. 따라서 우리 학생들을 수능점수로 평가하지 말아야 한다. 교사는 비전의 영감자(Inspirer of Vision)이다. 교사가 기대하는 비전에 따라 학생은 그런 사람으로 성장하는 것이다.

3) 교사의 선택

엘렌 화잇은 "교사들을 선택할 때, 우리는 목회직을 위하여 사람들을 선택하는 것과 마찬가지로 엄숙한 문제임을 깨닫고 모든 주의를 기울여야 한다. 성품을 식별할 수 있는 현명한 사람들이 선택하는 일을 해야 한다."[9]라고 권면하였다.

학교 당국이 교사에 대하여 만족하는 것은 중요하다. 교사는 또한 학교에 만족하는 것이 못지않게 중요하다. 만족한 교사는 그 결과 헌신하게 될 것이다. 그러므로 교사를 선택하는 일이 매우 중요하다.

"이 세상에는 두 부류의 교육자들이 있다. 한 부류는 하나님께서 빛의 통로로 삼는 자들로 구성되었고 또 다른 한 부류는 사단이 자기의 대리자들로 부리는 자들로서 악을 행하는 데 지혜로운 자들이다. 한 부류는 하나님의 품성을 심사숙고하며 예수님을 아는 지식 안에서 자란다. 이 부류는 영혼의 향상을 위하여 거룩한 교화(敎化)와 천국의 지혜를 가르쳐 주는 일들을 위하여 모든 것을 전적으로 바친 자들이다. 저들이 갖고 태어난 모든 능력을 하나님께 복종시킬 것이며 저들의 생각까지라도 그리스도에게 사로잡히게 할 것이다. 다른 부류는 사람들에게 악에 대한 지식을 가르칠 기회를 찾기 위하여 정신을 차리고 항상 기회를 노리는 흑암의 왕자와 동맹을 맺고 있으며 만약 자리만 마련된다면 인간의 마음과 정신 속에 자신의 계략을 침투시키는 데 지체하지 않을 것이다."[10]라는 엄숙한 경고를 주의해야 한다.

"교사는 자기 자신이 먼저 자기 학생들이 장차 되기를 바라는 그러한 인물이 되어야 한다. 교사는 그 자신이 그리스도의 학교에서 배우는 학생으로서 거룩한 교사에게 교육을 받기까지는 참된 교육자가 될 수 없다."[11]고 권면하고 있다.

3 기독교교육과 교사의 역할

그리스도인 교사는, 교사이기 이전에 그리스도인이라는 사실을 확인해야 한다. 이것이 확인되면 교사로서 어떻게 살아야 할 것인가는 분명해진다. 모든 일을 할 때에 하나님의 자녀로서 하나님 앞에서 하듯이 해야 한다는 결론이 나오는 것이다.

이제 교육 현장에서 그리스도인 교사로서 어떻게 역할을 할 것인가를 몇 가지로 나누어서 살펴보자.

1) 교육관

교육의 분야에 있어서 그리스도인의 행동은 교육에 대한 참된 성경적 사고에 그 기초를 두어야 한다. 만일 그리스도인이 성경의 진리에 확고한 기초가 되어 있지 않다면, 그는 성경에 비추어 자신의 입장을 생각하지 못하고, 여론을 따라 이리저리 떠다니거나 어떤 그룹을 지지하게 되기가 쉽다. 이처럼 모든 생각을 사로잡아 그리스도에게 복종케 하지 못하는 것은 곧 불충성을 뜻하며, 이러한 불충성은 조만간 오류와 혼란을 야기할 것이다. 그리스도인 교사가 성경에 근거한 확고한 교육관을 갖지 못하면 시대적, 상황적 교육 사조에 너무나 쉽게 휩쓸려 버리기 쉽다.

성경은 우리가 모든 선한 일에 온전케 되도록 주어진 것이므로 만일 우리가 성경의 가르침에 근거한 성경적 교육관을 확고히 가지지 않는다면 우리는 결코 유능한 그리스도인 교사가 될 수 없을 것이다. 성경을 통해서 인간의 본질과 존재 목적을 정확히 알 때에, 교육의 본질과 목적을 정확히 알 수 있다. 성경은 인간을 하나님의 형상대로 창조된 영적 존재라고 말하고 있다. 또한 인간은 하나님을 떠난 죄인으로서 사단의 지배 아래 있게 되었다고 말하고 있다. 결국 인간은 예수 그리스도의 십자가의 피로 구원받아야 될 존재라고 말하고 있다. 구원받은 인간은 예수 그리스도의 증인이 되어 하나님을 영화롭게 하리라고 말한다. 그러므로 교육의 본질은 바로 "인간 회복"에 있다. 인간을 가장 인간다운 인간으로 변화시켜 가는 것이 바로 교육의 본질이다. 죄로 말미암아 상실한 인간의 본질을 회복하도록 하는 것이 교육의 목적이다. 여기에서 그리스도인 교사는 정원사로서 물을 주고 거름을 주는 역할을 하게 된다. 그러나 결국 싹을 틔우고, 자라게 하는 것은 하나님께 달려 있음을 겸손히 믿고 순종해야 한다.

교육기관은 특별한 요구를 충족시키기 위하여 만들어진 제도이다. 즉 다음 세대에게 필요하다고 생각되는 것들을 가르치기 위하여 교육기관이 만들어졌다. 창조된 모든 세계가 그렇듯이 교육기관도 하나님께 종속되어 있어야 하는 것이 정상이다. 교육기관 속에서도 하나님의 영원하신 능력을 볼 수 있다. 이러한 교육기관에서 교육을 실천하는 교사들은 정말 행복하다. 그러나 대부분의 교육기관은 법적으로 무종교인 국가의 주권 아래에 있다. 이 경우에 그리스도인 교사는 교직활동에 대해서 깊이 성찰해야만 한다. 즉 법적으로 무종교인 국가의 주권 아래에 있는 교육기관에서 교육을 실천하는 그리스도인 교사의 교직활동은 학생이 그리스도에 대한 개인적 믿음을 갖도록 하는데 우선적인 초점이 있지 않다는 것이다. 즉 이러한 학교에 있어서 그리스도인 교사의 우선적 임무는 한 개인이 사회 속에서 삶을 살아갈 수 있도록 기술과 지식 및 판단력을 전달해 주는 일이라는 것이다. 따라서 그리스도인 교사는 이 일에 충실하여야 한다.

그렇다고 그리스도의 증인된 교사가 이것으로 끝낼 수는 없다. 그러므로 그리스도인 교사는 이러한 기술과 지식을 통해 학생들이 하나님의 피조 세계와 질서 및 도덕률 등의 진리를 발견할 수 있도록 도와주어야 한다. 즉 그리스도인 교사는 기독교라는 종교를 선전하는 자가 되려고 하지 말고, 학생들이 진리를 추구할 수 있도록 도와주는 태도를 가져야 한다. 그리스도인 교사는 영적 세계의 진리, 정신적 세계의 진리, 물질적 세계의 진리를 추구할 수 있도록 안내해 주려고 해야 한다. 이렇게 그리스도인 교사가 진리를 추구하는 태도로 교육을 실천할 때에 종교가 아니라 진리에 대한 학생들의 실제적 자각력도 발달해 나갈 것이다. 복음과 창조론이 이러한 진리추구의 과정으로 안내되어야 할 것이다. 그 사이에 학생들은 종교로써가 아니라 진리로써 복음을 받아들이고 창조론을 인정하게 될 수 있다. 이렇게 진리를 안내해줄 수 있는 그리스도인 교사가 되기 위해서는 뱀같이 지혜롭고 비둘기같이 순결해야 할 것이다. 즉 진리를 추구하는 그리스도인 교사는 교육목적, 교육내용, 교수-학습과정, 교육평가 등의 모든 교육의 기초를 진리의 성경에 두고 있어야 한다. 이러한 교육관은 학생들의 마음에 서서히 침투하게 될 것이다. 이 모든 것은 하나님이 주시는 지혜와 계시의 정신을 얻어야 가능하다. 전능하신 하나님을 전적으로 믿고 의지할 때 그리스도인 교사 안에 계시는 성령께서 잠잠히 가르치실 것이며, 일하시고, 증거하실 것이다.

2) 크신 교사 예수

예수 그리스도는 언제나 모든 면에서 우리의 모델이 되신다. 그러므로 교사로서의 측면에서도 역시 최고의 모델이다. 흔히 지상에 계실 때 예수의 사역을 세 가지 측면에서 이야기한다.

구약에서 이미 그림자처럼 나타나셨듯이 예수는 선지자, 제사장, 왕으로서의 3중적인 역할을 하셨다. 그러나 예수 그리스도는 무엇보다도 교사이셨다는 것을 제5장에서 자세히 보았다. "하나님께서는 한 교사를 보내심으로 하늘의 가장 좋고 가장 큰 것을 사람에게 주셨다. 지극히 높으신 하나님과 함께 앉으시고 영원한 하나님의 지성소에 계시던 분이 인간이 되셔서 하나님을 아는 지식을 인류에게 나타내시는 분으로 오신 것이다."[12] 그러므로 예수께서 우리의 최고의 모델이 된다. 우리가 그리스도에 대해 연구하면 할수록 마땅히 어떤 교사가 되어야 하는지를 잘 배울 수 있다.

성경 속에 교사를 가르치는 모든 원리들이 숨어 있는 것이다. 그러므로 우리는 말씀에서 최고의 교육을 받을 수 있으며, 그리스도를 통해서 최고의 교훈을 배우며, 최고의 모본을 볼 수 있는 것이다.

훌륭한 교사가 되기 위해서는 반드시 다음과 같은 정신을 가져야 한다.

① 나는 하나님의 종이요, 일꾼이다.

하나님을 위해 일한다. 우리의 교사로서의 일은 결코 우리 자신의 성취나 꿈을 위해서 행하는 것이 아니다. 하나님의 부르심을 따라, 소명을 이루기 위해 행하는 것이다. 예수께서도 이 땅에 오셔서 아버지를 향해서 다음과 같이 말씀하셨다.

“이에 내가 말하기를 하나님이여 보시옵소서 두루마리 책에 나를 가리켜 기록한 것과 같이 하나님의 뜻을 행하러 왔나이다 하시니라.”(히10:7).

“교사에게 가장 중대한 사업이 위탁되었는데 그것은 곧 신중하고 철저한 준비가 없이는 맡아서는 안 될 사업이다. 그는 부르심에 대한 신성성을 느껴야 하며 열심과 헌신의 정신으로 그 사업에 자기 자신을 바쳐야 할 것이다.”13

② 주께서 내게 맡긴 양을 나는 돌본다.

우리가 맡은 양은 우리의 것이 아니다. 하나님의 양인 것이다. 주님은 갈릴리 바닷가에서 부활하신 이후 베드로를 만나서 “네가 나를 사랑하느냐?” 물으시고는 그에게 “내 양을 먹이라, 내 양을 치라.”고 말씀하셨다. 그것이 바로 교사가 받는 사명이다. 주님의 양을 돌보는 것이다. 자식을 둔 부모도 그 사랑하는 자녀를 볼 때 자신의 것이라고 생각해서는 결코 안 되며, 부모에게 있어서 자식은 ‘하나님의 선물이요, 하나님이 맡기신 책임’인 것과 마찬가지로 교회 학교에 맡겨진 학생들은 하나님의 양떼들인 것이다. 그러므로 우리는 목자의 역할을 다하지 않으면 안 된다. “교사들은 마치 목자가 자기의 거느린 양 떼를 잘 지키고 살피는 것처럼 학생들을 보살펴야 한다. 저들은 마치 그 일로 인해서 심판을 받을 것처럼 영혼들을 돌보아야 한다.”14

③ 교사로서 내 책임은 학생들을 ‘배우게’ 하는 것이다.

교사로서 우리가 마땅히 해야 할 바는 바로 학생들로 배우게 만드는 것이다. 내 할 말만 다 해놓고 나서 손을 놓는 것이 아니다. 학생들이 '배워서 행하도록' 만드는 것이 교사의 책임이다. 주님의 지상명령에도 이것이 포함되어 있다.

"가르쳐 지키게 하라."(마28:20). 바로 '지키게 하도록' 가르치라는 명령이다. 그러므로 학생이 말씀을 자신의 삶에 적용하여 지키는 데까지 나아가지 않으면 우리는 제대로 가르친 것이 아니다.

"교사는 자기 학생들의 기질과 품성을 신중히 연구하여 저들의 특수한 필요에 따라 자신의 가르침을 적합하게 응용해 나가야 한다. 그에게는 특성과 형태와 성장 과정이 다양하게 다른 식물들이 자라는 정원이 있다."[15]

④ 학생들을 자라게 하는 것은 하나님이시지 내가 아니다.

학생들을 가르침에 있어서 우리는 '변화의 열매'에 지나치게 예민할 수 있다. 그러나 성경은 다음과 같이 말한다.

"너희 속에 착한 일을 시작하신 이가 그리스도 예수의 날까지 이루실 줄을 우리가 확신하노라."(빌1:6).

우리 속에 일을 시작하시고, 이루시는 이는 결코 사람이 아니다. 교사가 학생들이 변화되도록 돕고 가르치기는 하지만, 궁극적으로 역사하시는 분은 바로 하나님이시다. 성령께서만이 제자들을 변화시키시는 것이다. 그러므로 우리는 철저히 성령을 의지하지 않으면 안 되는 것이다.

⑤ 나의 모델은 예수 그리스도시다.

우리 마음에 늘 새겨두어야 할 것은 모든 일에 있어서 내 모델은 예수 그리스도라는 것이다. 그러므로 우리는 교사의 모든 영역에 있어서 주님의 삶을 모본으로써 연구하고 배우고자 하는 마음을 가져야 한다. 평생 우리는 주님에 대해 묵상함으로 배워야 할 것이다. 그런 측면에서 열두 제자들을 가르치신 주님의 삶은 훌륭한 연구과제가 된다.

"교사들은 오직 그리스도께서 일하신 것처럼 일함으로써만 능률과 힘을 얻을 수 있다. 그리스도께서 저희의 생애에 가장 강한 감화력을 줄 때 저들은 모든 노력에 따르는 성공을 거둘 수 있을 것이나. 저들은 과거에 도달할 수 없었던 극치에 오를 수 있을 것이다. 따라서 저들은 저희 자신에게 맡겨진 사업의 신성성을 인식할 것이며 성령으로 충만하여 저들은 주님께서 가지셨던 죄인을 구원코자 하는 동일한 소망으로 활력을 얻게 될 것이다. 그리고 저들의 헌신적이며 성별된 생애를 통하여 학생들을 그리스도의 발 아래 인도하게 될 것이다."[16]

이러한 정신이 우리 마음속에 있는가? 이것이 없다면 우리는 하나님 앞에서 진정한 교사라고 할 수 없다. 여기서 '정신'이란 것이 왜 중요한가를 생각해야 한다. 예수께서 우리의 교사로서의 모본이셨는데, 주님은 언제나 사람들의 '정신'을 변화시키기를 원하셨다. 그들의 '가치관'을 바꾸려 하셨다.

지금 이 시대처럼 주님 당대의 사람들도 '높아지는 것, 다른 사람 위에 군림하는 것'을 좋아했다. 그러나 주님께서는 제자들에게 천국의 진리를 알려 주시면서 다음과 같이 말씀하셨다.

"예수께서 불러다가 이르시되 이방인의 소위 집권자들이 저희를 임의로 주관하고 그 대인들이 저희에게 권세를 부리는 줄을 너희가 알거니와 너희 중에는 그렇지 아니하니 너희 중에 누구든지 크고자 하는 자는 너희를 섬기는 자가 되고 너희 중에 누구든지 으뜸이 되고자 하는 자는 모든 사람의 종이 되어야 하리라. 인자의 온 것은 섬김을 받으려 함이 아니라 도리어 섬기려 하고 자기 목숨을 많은 사람의 대속물로 주려 함이니라."(막 10:42-45).

이것은 제자들의 생각을 바꾸는 말씀이다. 생각이란 말은 헬라어 'ethos'란 말로서 '정신', 또는 '인격'을 나타내는 말이다. 우리의 생각이 바뀔 때, 우리의 삶과 인격이 바뀐다는 뜻이다. 가르치는 자도 마찬가지다. 생각이 변화되어야 한다. 그래야 학생들을 섬기고, 변화시킬 수 있는 것이다. 이처럼 예수께서 이 땅에 오셔서 하신 첫 번째 작업은 바로 제자들의 기본적인 생각을 바꾸신 것이다.

"위대한 교사이신 그리스도께서는 인간의 정신을 세속적인 사물에 대한 집념에서 떠나게 하여 하늘에 속한 사물들에 대하여 가르치시려고 애쓰셨다. 만약 예수님 당시의 교사들이 주님의 가르침을 기꺼이 받으려 하고 세상에 진리의 씨를 뿌리는 일에 주님과 연합했더라면 세상은 오늘날의 상태와는 훨씬 달라졌을 것이다."[17]

3) 교사의 직분

신약성경 가운데 기록된 교사의 의미는 '가르치다', '배우다', '해석하다', '대변자', '목자', '감독자'라는 다양한 의미를 가지고 있다. 이러한 의미들을 종합해 보면 교사란 단순히 가르치는 자나 사육자가 아니라 가르치고 돌보고 감독하는 대단히 영적이고 막중한 직분임을 알 수 있다.

교사는 하나님이 부르신 직분이다(고전12:28). 교회 안에는 다양한 은사와 직분이 있지만 특별히 교사는 하나님이 직접 세우신 자리이기 때문에 영적인 자부심과 함께 천직(High Calling)이라고 하는 소명 의식을 잊어서는 안 된다. 그러므로 한번 교사로 임명을 받은 자는 평생 이 사명을 감당해야 할 것이다.

① 교사의 자질

첫째, 가르침의 은사를 받은 자여야 한다.

모든 그리스도인은 가르침의 은사를 받고 있다(엡6:4; 마28:18-20). 그러나 성경은 각양 은사를 말씀하고 있다(롬12:6-8; 고전12:4-11; 엡4:11-12 등). 하나님의 말씀을 보다 효과적으로 가르칠 수 있는 은사를 받은 자라야 교사로서의 기능을 다할 수 있다.

둘째, 가르침에 대한 소명을 받은 자라야 한다.

이 소명은 내적(內的)으로 하나님의 일을 하고자 하는 뜨거운 열망과 헌신의 마음이 있어야 하고, 외적(外的)으로는 교회나 기독교 기관으로부터의 부름이 있어야 한다. 중생한 그리스도인은 범사에 하나님을 인정하여 하나님의 인도하심을 받아야 한다(잠3:5-6).

셋째, 학생을 사랑하는 자여야 한다.

사랑이란 그리스도의 표상이요(고전13:1-3), 성령의 열매이다(갈5:22). 그리스도의 사랑에 감격하여 자신에게 맡겨진 양으로서의 학생을 사랑하는 마음이 있어야 한다. 교사는 사랑을 생활화하여야 하고, 하나님의 사랑을 보다 명확하게 나타내어야 한다. "교사들은 학생들과 충분한 교제를 갖지 못하는 수가 많다. 교사는 동정심과 온유함을 너무 적게 나타내면서, 위엄을 가지고 엄격한 판단을 하는 수가 너무 많다. 교사는 확고하고 결정적인 태도를 가져야 하지만, 그렇다고 강제적이라든지 독재적이어서는 안 된다. 가혹하고 비판적이며 너무 학생들과 거리를 둔다거나 냉담하게 대하는 것은 학생들에게 좋은 감화를 끼칠 길을 막는 일이다. 어떤 사정이 있어도, 교사는 편견적인 태도를 보여서는 안 된다. 애교 있고 매력 있는 학생은 사랑하면서, 정작 격려와 도움을 필요로 하는 학생에게는 비판적으로, 참을성 없이, 또는 인정머리 없는 태도를 보인다는 것은 자신이 교육에 대하여 전혀 오해하고 있음을 나타내는 것이다. 결점이 많은 학생을 대하는 중에 교사의 인격은 시험을 받고, 그가 그 자리에 있을 만한가의 자격 유무를 나타낸다."[18]

넷째, 가르침에서 기쁨을 가지는 자라야 한다.

억지로 하는 것이 아니라(벧전5:2-3), 그리스도의 사랑에 감격하여 하나님의 말씀을 전파하는 것에 보람을 느껴야 한다. 그 일을 위하여 구속받은 그리스도인으로서 성숙한 인격을 소유하여야 한다. "짜증을 잘 내며 조급하고 독단적이며 오만한 사람은 어떤 남녀를 막론하고 가르치는 일에 적합하지 못하다. 이러한 품성의 습성들은 교실에서 큰 해가 될 뿐이다……. 무엇보다도 먼저 청소년들을 훈련시키는 자는 시무룩하거나 침울한 성격을 키우지 않도록 조심해야 하는데 이러한 성격은 학생들에 대한 동정심을 말라 버리게 하고 이러한 동정심이 없이 그 교사는 자기 학생들에게 아무 유익도 줄 수 없게 된다. 우리 자신에게 시련이 되는 그림자로 우리 자신이 걷는 길이나 다른 사람의 길을 어둡게 해서는 안 된다."[19]

다섯째, 가르침에 대한 준비가 되어 있는 자라야 한다.

가르침이란 열심으로만 되는 것이 아니다. 가르치기 위한 제반 준비가 되어야 하는데, "교사가 타고난 재능과 지적 교양만을 가지고 있는 것으로 넉넉하지 못하다. 물론 이러한 것들은 절대적으로 필요한 요소이지만 사업을 위한 영적 자격을 갖추지 않고서는 그 교사는 교육 사업에 종사할 준비가 되어 있지 못하다. 그는 모든 학생에게서 하나님의 수공품 곧 영원한 명예를 얻을 후보자를 발견할 수 있어야 한다. 교사는 청소년들을 교육하고 훈련하여 훈육하므로 각 학생이 하나님께서 요구하시는 탁월함의 고상한 표준에 이르도록 노력해야만 한다."[20]

교사는 유아교육에서 가장 중요한 사람이다. 그는 그리스도의 산 표본이어서 학생들은 학교에서 그리스도를 만나기 전에 교사를 먼저 만나게 된다. 그러므로 그리스도를 따르는 삶을 가르치려면 자신이 먼저 그리스도를 따라야 하며, 가르치는 내용에 관심을 기울이는 만큼 학생들 개개인에 관심을 기울여야 한다. 성공적인 교사가 되려면 하나님과 함께 동역하고 있음을 깨달아야 하며, 이렇게 진정으로 예수 그리스도를 섬기는 교사는 누구든지 성공할 수 있음을 확신해야 한다.

"모든 말과 행실이 하나님 앞에서 심판받을 그 큰 날에, 교사는 반드시 자기가 한 일의 결과를 대면하여 보게 될 것이다."[21]

주

1. 엘렌 G. 화잇, 교육(서울: 시조사, 1991), 37.
2. 상게서, 207.
3. 헤르만 호온, 예수님의 교육방법론(서울: 기독교문서선교회), 79.
4. Roger L. Dudley, *Why Teenagers Reject Religion and What to do About It*(Washington, D. C.: Review & Herald, 1978), 80.
5. 교육, 27.
6. 엘렌 G. 화잇, 부모와 교사와 학생에게 보내는 권면(서울, 시조사, 1978), 65.
7. 상게서, 503.
8. William Glasser, *Schools Without Failure*(New York: Harper and Row, 1975), 14.
9. 엘렌 G. 화잇, 교회증언 6권(서울: 시조사, 1998), 200.
10. 부모와 교사와 학생에게 보내는 권면, 25.
11. 상게서, 65.
12. 교육, 65.
13. 부모와 교사와 학생에게 보내는 권면, 187.
14. 상게서, 55.
15. 상게서, 189.
16. 상게서, 216.
17. 상게서, 363.
18. 교육, 257.
19. 부모와 교사와 학생에게 보내는 권면, 187.
20. 상게서, 187.
21. 교육, 257.

제11장

기독교 유아교육 방법론

1 어린이 설교 및 동화 구연법

어린이에게 복음을 전달하는 두 가지 수단에는 어린이 설교와 성경동화 구연이 있다.

먼저 어린이 설교는 성경본문에 근거한 사실성이 있어야 한다. 성경저자의 본래 의도를 정확히 파악하여 바른 해석을 기초로 해서 바르게 전해는 것이 중요하다. 그 후에 본문을 기초로 하여 오늘의 아동들의 상황에 맞게 재해석하여 그들의 삶에 관련성이 있도록 재구성하여주어야 한다. 모든 설교의 궁극적인 목적은 구원의 진리를 전달하고 선포하는 것이다. 그러기 위해서는 어린이 설교는 복음의 핵심이 들어나도록 단순하고 분명해야 한다.

성경동화 구연은 성경의 인물을 주인공으로 하여 교훈과 훈화를 전달하는 것이다. 성경에 나오는 인물들의 이야기는 매우 사실적이다. 그러므로 그들의 파란만장한 삶의 스토리를 동화처럼 구성하여 전달하는 것만으로도 굉장한 흥미가 있다. 여기에 너무 과장되지 않은 약간의 환상성을 더하면 극적인 동화 구연이 될 수 있다. 그렇게 함으로써 복음을 받아들일 수 있는 마음밭을 옥토로 가꾸어주게 될 것이다.

1) 구연자의 준비

어린이 설교자나 성경구연자는 먼저 말씀으로 준비되어야 한다. 우리의 교과서는 오직 성경임을 잊지 말고 성경 말씀의 줄거리와 배경을 잘 알고 있어야 한다.

또한 생활이 준비되어 있어야 한다. 아무리 천사의 말을 할지라도 평소의 생활과 성품을 어린이들이 보고 있다. 말씀에 순종하는 삶이 따르지 않을 때는 울리는 꽹과리에 불과할 것이다.

구연자는 청중을 잘 이해해고 있어야 야 한다. 어린이들의 나이, 수준, 경험 등에 대하여 사전에 파악하고 있어야 그들과 진정한 의사소통이 가능하게 될 것이다.

구연자는 성경의 원저자이신 성령님에 의지해야 한다. 모든 것을 깨닫게 하시고 진리가운데로 인도하시는 분은 성령님이다. 끊임없이 기도하는 마음으로 준비해야 한다.

구연자는 전달할 방법, 환경, 사용해야 할 자료들 모으는 일에 최선을 다해야 한다. 복음을 쉽게 이해시킬 교육방법을 늘 생각하고 고안하여야 한다.

무엇보다도 열심히 기도하여야 한다. 내가 전하는 것이 나의 이야기가 아니라 주님의 말씀이 되도록 기도하여야 한다.

2) 서론 꾸미기

설교나 구연동화에 있어서 서론은 매우 중요하다. 처음 시작할 때부터 흥미가 있어야 한다. 어린이들의 관심을 불러일으킬 수 있는 신선한 내용으로 시작해야 한다.

좋은 서론의 한 가지 방법은 청중의 경험으로부터 출발하는 것이다. 듣는 어린이들의 일상적인 주변 이야기로부터 먼저 화제를 이끌어가면 주의집중에 효과적이다. 청각적인 효과를 최대화하는 것도 주의를 집중시킬 수 있다. 서론을 시작하면서 "준비를 많이 못했다"는 등의 변명을 하는 것은 반드시 피해야 한다. 또한 서론은 짧아야 한다. 서론은 복음을 전하기 위한 접촉점에 불과하다. 서론에서 시간을 많이 끌면 이미 주의가 산만해진다.

3) 본론 꾸미기

본론은 도입-전개-절정-끝맺음으로 이어져야 한다. 미해결점이 있도록 하는 것이 좋다. 그것을 결론에서 해결해 주는 것이다. 어린이 설교는 단선적이고 단순해야 한다. 너무 많은 복선을 깔지 말고 한 가지 주제에 초점을 맞추는 것이 좋다. 무엇보다도 주제는 복음과 연관이 있어야 한다. 복음과 관련이 없는 주제는 어린이 설교가 아니다.

4) 결론 꾸미기

결론은 소극적으로 끝내지 말아야 한다. 적극적이고 확실하게 결론을 내려야 한다. 결론에 가서 또 다른 새로운 주제를 첨가시키지 말아야 한다. 자연스럽게 본론의 결론이 되어야 한다. 그렇다고 설교를 요약하는 식의 결론은 피하라. 결론에서 구체적인 적용점을 제시해 주어야 한다. 결론에서 시간을 길게 끌지 말고 간단명료하게 시간을 지켜서 끝내야 한다.

5) 단상에서의 구연의 실제

구연자는 내용을 완전히 숙지하고 있어야 한다. 그래야 자연스러운 태도로 할 수 있다. 내용을 숙지하지 못하면 부자연스럽고 불안해 보일 것이다. 시선은 한곳에 고정시키는 것보다 여러 청중에게 약 10초정도씩 안배하는 것이 좋다. 구연자는 단정한 옷차림으로 나서야 한다. 평소에 자신도 모르는 좋지 못한 버릇을 교정해야 한다. 미리 동료 앞에서 시연을 해서 지적해달라고 하든지 동영상을 촬영해서 스스로 이상한 버릇을 찾는 것도 필요하다. 시청각 자료를 적극 활용하는 것이 좋다. 구연은 열정적으로 해야 한다.

2 시청각의 활용

1) 시각화의 효과

시청각의 이유는 무엇보다도 인간의 학습구조 자체가 5관을 통하여 이루어진다는 데 있다. 교육심리학의 통계에 따르면, 미각 1%,, 촉각 1.5%, 후각 3.5%, 청각 7%, 시각 87%의 학습이 이루어진다고 한다. 듣는 것과 보는 것의 중요성 때문에 시청각자료는 교수 학습에서 큰 가치를 가지는 것이다.

또한 인간의 기억력도 들은 것은 10%, 본 것은 50%, 듣고 보고 한 것은 80%를 기억한다고 한다.

시청각 학습의 효율성을 지적해 보면 다음과 같다.

① 주의 집중 및 흥미를 유지시키면서 교육할 수 있다.

② 짧은 시간에 확실하게 학습을 진행시킬 수 있다.

③ 시간과 공간을 초월하는 학습을 할 수 있다.

④ 오랫동안 기억에 남는다.

2) 활용의 범위

시각화는 무엇보다도 전하고자 하는 내용을 그림이나 상징으로 전달함으로 기억에 오래 남게 하며, 복잡한 내용을 단순하고 간단하게 이해시킬 수 있다는 장점을 갖는다. 따라서 할 수만 있다면 교사는 시청각의 연구에 시간과 노력을 아끼지 말아야 한다.

성경절 암송이나 주제를 숙지시키는 구연동화나 설교, 퀴즈 등의 광범위한 영역에서 활용할 수 있다.

2) 활용의 원칙

1. 4R;

Right Materials(바른 재료)

Right Place(바른 장소)

Right Time(바른 시간)

Right Way(바른 방법)

2. 재료만 믿지 말고 꼭 실제로 연습해야 한다. 녹음기와 거울 등을 옆에 두고 자기 스스로 평가해 보는 것이 좋다.

3. 사용할 때에는 먼저, 학습할 내용에 따라 재료와 기재 등이 순서대로 정리 되었는지 확인하고, 제 시간에 제자리에서 보여주고 감춘다.

4. 이야기할 때는 자연스럽게 해야 한다.

5. 진행도중 학생들의 반응을 보아가며 재료를 가감한다든지 다른 방법으로 바꿀 수 있어야 한다.

6. 평가서를 작성해 두면 다음 학습에 큰 도움이 된다.

그러나 시청각 교육에서 무엇보다 중요한 것은 살아계신 하나님의 생명의 말씀을 가르친다는 것을 잊지 말고 두렵고 떨리는 마음으로 성령께 기도하고, 시각재료를 준비하여 기도하며 사용해야 한다는 것이다. 성령께서 역사하시도록 적극 의지해야 할 것이다.

4) 성경절 암송에 활용

1. 성경절 암송의 원리는 다음과 같다.

① 성경절은 설교나 성경공부 앞에서 외우자(그날 학습의 핵심)

② 성구를 먼저 설명하자.

③ 반복해서 외우자(경쟁, 시상, 복습).

④ 장, 절까지 외우자.

2. 시각 재료의 여러 가지

① 기둥모양(삼각형, 사각형)

② 빈칸 메우기

③ 플레쉬 카드

④ 융판 요절

⑤ 문자나 상징물

⑥ 율동, 노래

⑦ 손 유희

⑧ 실물학습

⑨ 인형이용

5) 항상 관심을 가지고 자료를 수집하라

교회에서 구입할 수도 있으나 한 가지씩 계획성 있게 구입하는 것이 좋다. 그러나 무조건 살려고만 하지 말고, 신문, 잡지에 나오는 그림, 사진, 달력 등 갖가지 그림이나, 작은 물건, 인형뿐만 아니라 심지어 길가의 쓰레기통까지도 훌륭한 시청각 자료의 창고일 수 있다는 것을 명심하라. 요령은 먼저 교안을 작성한 후 그 내용을 어떻게 효과적으로 전할 수 있을까를 구상한 후, 어떤 종류(융판, 화극, 인형)와 방법(구입, 제작)으로 시각화시킬 것인가를 결정하고, 마지막으로 그것을 직접 그리거나, 베끼든지 제작하고, 인쇄에 맡기든지, 남에게 부탁하든지 하여서 시각화시킨다.

3 어린이 사역의 9가지 원리[1]

1. 어린이를 지도하는 자는 성령님께서 말씀위에 역사하시어 어린이들이 예수님을 구주로 영접하게 하신다는 것을 확신해야 한다.
2. 교사들은 자신이 맡고 있는 어린이들이 세계관을 알아야 한다.
3. 어린이들도 하나님 앞에서 중요한 존재임을 잊어서는 안 된다.
4. 어린이들을 효과적으로 교육하기 위하여 나름대로의 창조적인 교수법 개발이 중요하다.
5. 아이들에게 들려지는 하나님의 말씀을 지금 현재 아이들이 실제 생활에 적용할 수 있도록 해 주어야 한다.
6. 교사는 어린이와 깊은 인격적인 관계(친숙함)가 맺어져야 한다. 어린이가 자란 후 교사가 가르쳐 준 말씀은 잊을 수는 있으나 선생님의 인격과 자기에 대한 관심은 잊어버리지 않는다.
7. 교사는 어린이들을 있는 모습 그 자체로 받아들여야 한다.
8. 매주 같은 프로그램이나 과정 보다는 창조적이고 능동적이며 재미를 느낄 수 있는 프로그램을 준비하라.
9. 어린이들은 그 발달 특성상 한 가지 주제만을 소화할 수 있기 때문에 매주일의 교육은 한 가지 목표만을 달성할 수 있어야 한다.

4 한 교사의 기도

E. 마거리트 클락슨이라는 캐나다의 시인이자 교사가 남긴 "한 교사의 기도"가 기독교 유아교육을 위하여 준비하고 있는, 또는 유아교육 현장에서 어린이들에게 복음을 전하기 위하여 주야로 기도하며 애쓰고 있는 모든 헌신한 교사들의 심정을 잘 대변하는 아름다운 시로서 오늘날까지 전해져 내려오고 있다.[2]

주여, 이다음에 제가 어린이들 앞에 서게 되옵니다.
제가 가르치고 사랑하고 인도하고 돌보아야 할
어린이 하나 하나 곧 나의 작은 학교이옵니다.
지금 이 순간 후에는
어떤 바램들이 그토록 가까이 놓여 있나이까?
지금 제가 제 방에서 나가기 전에
오, 주님 한 교사의 기도를 들어주소서.

오, 위대한 스승이신 하나님, 저로 하여금
학교생활의 눈물과 웃음 저편의 장래를 보게 하시며
그때 그의 감화가 사회 속에 나타나도록
지금 그 어린이들을 가르치게 하소서
명예나 돈을 위해 일하지 않게 하시며
당신에게 이르기까지 가르치게 하소서.

오, 주님, 아침이 될 때마다 생겨나는
무수한 걱정거리 - 그 작은 일들이
제가 가르치는 어린이 마음 하나하나에는
그렇게 커다란 의미일 수 있다는 것을 알게 하소서
피곤하고 슬플지라도 웃을 수 있게 도와주시고

제 어린이들을 즐겁게 해 줄 수 있게 도와주소서

오, 주님, 하는 일마다 빗나가게 될 때도,
명랑한 노래를 부를 수 있게 도와주소서.
사랑하는 주님, 매일 제 입술을 지켜주셔서
인내력이 피로한 신경에 굴복하게 될 때도,
제가 누구를 섬기고 있는가를 기억하게 하옵소서.
이제 기다리는 무리를 만나러 가오니
모든 작은 심령 하나하나가
우리들 품안에 있다는 것을 깨닫게 지혜를 주소서
오, 주님 한 교사의 기도를 허락하여 주소서.

주

1. http://cafe.daum.net/H1009/EHaW/584에서 인용.
2. http://cafe.daum.net/ksb1959/28Le/1707에서 인용.

참/고/문/헌

그랜도르, 베르너 C., 김국환 역, 복음주의 기독교교육론, 서울: 기독교 문서선교회, 1992.

김구, 김은실, 성서에서 배우는 육아의 지혜, 서울: 랜덤하우스중앙, 2004.

김득렬, 학습과 지도, 서울: 대한예수교장로회 총회교육부, 1982.

김영봉 외, 교육학개론, 서울: 서현사, 2009.

김형태, 교육의 심리학적 이해, 서울: 동문사, 1999.

류모세, 열린다 성경 식물 이야기, 두란노, 2008.

미쉬나, Avot 5:21; 창세기 랍바 63:14; 미쉬나, Hagigah 1:1.

바머시, 미리암 파인버그, 예수 시대의 생활풍습, 서울: 바오로딸, 2006.

박미영, 유대인 부모는 이렇게 가르친다, 서울: 생각하는 백성, 2000.

베너블, 스티븐, 도널드 죠이, 청소년 사역자를 위한 캠프 활용법, 서울: 죠이선교회 출판부, 2001

브루멜린, 해로우 밴, 교실에서 하나님과 동행하십니까?, 서울: IVP, 1996.

스마트, D., 장윤철 역, 교회의 교육적 사명, 서울: 대한 기독교교육협회, 1993.

스토트, 죤, 오늘날의 성령의 사역, 서울: 한국기독교 교육연구원, 1983.

엘렌 G. 화잇, 교육, 서울: 시조사, 1991.

__________, 교회증언 6권, 서울: 시조사, 1998.

__________, 부모와 교사와 학생에게 보내는 권면, 서울, 시조사, 1978.

__________, 부조와 선지자, 서울: 시조사, 1997.

__________, 정로의 계단, 서울: 시조사, 1993.

예레미아스, 요하임, 예수시대의 예루살렘, 서울: 한국신학연구소, 1988.

오브라이언, 피터 T., WBC성경주석시리즈: 골로새서 빌레몬서, 서울: 솔로몬, 2008.

와이코프, 캠블, 기독교교육의 과제, 서울: 대한기독교육협회, 1991.

윌호이트, 짐, 현대 기독교 교육, 서울: 기독교 문서 선교회, 1991.

이경우, 이혜상, 유아를 위한 기독교교육의 이론과 실제, 서울: 창지사, 1998.

이비, C. B., 기독교교육사, 서울: 한국기독교교육연구원 1980.

이소희, 기독교적 관점에서 본 아동발달과 양육, 서울: CUP, 1999.

이영걸 편, 0.3%의 위력, 서울: 일굼, 1994.

장종철 외, 기독교교육, 서울: 대한 기독교교육협회, 1992.

정웅섭, 기독교교육개설, 서울: 대한기독교교육협회, 1996.

정희영, 기독교 유아교육론 서울: 교육과학사, 2000.

주크, 로이, 성령 충만한 가르침, 서울: 디모데, 2000.

카발레티, S., 어린이의 종교적 잠재능력, 서울: 중앙적성출판사, 1997.

컬리, 아이리스, 아동의 기독교 교육개발, 서울: 컨콜디아사, 1985.

콜만 II세, 루시언 E., 박영철 역, 교육하는 교회, 서울: 요단출판사, 1986.

클라크, Robert E., 교사를 위한 취학 전 아동이해와 기독교교육, 서울: 엠마오, 1992.

_____, 교회의 아동교육, 서울: 생명의 말씀사, 1989.

파즈미뇨, 로버트 W., 박경순 역, 기독교교육의 기초, 서울: 디모데, 2003.

페네마, 잭, 기독교 아동교육, 서울: 엠마오, 1997.

현용수, IQ는 아버지 EQ는 어머니 몫이다, 서울: 조선일보사, 1999.

호온, 헤르만, 예수님의 교육방법론, 서울: 기독교문서선교회. 1980.

Black, Naomi, ed., *Celebration, the Book of Jewish Festivals,* N.Y.: Dutton, 1987.

Bushnell, Horace, *Christian Nurture* (Grand Rapids, MI: Baker Book House, 1979.

Chadwick, Ronald P., *Teaching and learning: An integrated approach to Christian education*, N.J.: Revell, 1982.

Dudley, Roger L., *Why Teenagers Reject Religion and What to do About It*, Washington, D. C.: Review & Herald, 1978.

Eavey, C. B., *History of Christian Education*, Chicago: Moody Press, 1964.

Fowler, James W., *Stages of Faith*, San Francisco: Harper & Row, 1981.

______________, *Faith Development and Pastoral Care*, Philadelphia: Fortress Press, 1987.

Glasser, William, *Schools Without Failure,* New York: Harper and Row, 1975.

Harris, R. L., et. al., *Theological Wordbook of the Old Testament*, Chicago: Moody Bible Institute, 1980.

Knight, George R., *The Pharisee's Guide to Perfect Holiness*, Boise, Idaho: Pacific Press Publishing Association, 1992.

________________, *Myth in Adventism*, Washington, DC: Review and Herald, 1985.

________________, *Philosophy and Education*, Berrien Springs, MI: Andrews University Press, 1989.

Neusner, Jacob, *The Mishnah, A New Translation*, New Haven: Yale University Press. 1988.

NIV 구약원어대조성경 히브리어사전, 서울: 도서출판 로고스, 1993.

Schnackenburg, Rudolf, *Ephesians: Commentary, trans. by Helen Heron*, Edinburgh: T. & T. Clark, 1991.

Taylor, John W., *Thinking Christianly* (Unpublished Material).

Vieth, Paul H., *The Church and Christian Education*, St, Louis: Bethany Press, 1947.

http://www.sunkyo.org

http://www.biblcland.or.kr

http://eastvill.or.kr
http://biblenara.org
http://subu.kuc.or.kr
http://cogpsy.skku.ac.kr

저자 소개

학위: 앤드류스 대학교 기독교교육학 박사(Ph. D.)

경력: 삼육대학교 교양교직과장, 국제교류과장
삼육대학교 대학원 기독교교육학과장
현) 삼육대학교 유아교육학과장, 대외협력부장

저서: 『교육의 새소식』(2006)
『로마서의 의』(2007)
『예수의 삶과 가르침』(2008)
『생명의 계단』(2009)

전　화 : 02-3399-1572
팩　스 : 02-3399-1577
E-mail : peter@syu.ac.kr

기독교 유아교육론

초판 1쇄 발행 / 2009년 9월 4일
초판 2쇄 발행 / 2017년 9월 4일

•

저　자 / 최　수　동
발행인 / 이　중　수
발행처 / **동　문　사**

•

서울특별시 서대문구 홍제원 1길 12
(홍제동 137-8)
Tel : 02)736-3718(대), 736-3710, 3720
Fax : 02)736-3719
등록번호 : 제9-17호
등록일자 : 1974년 4월 27일
가격 : 12,000원

•

ISBN : 978-89-8251-375-6(93230)
E-mail : dong736@naver.com
Homepage : www.dongmunsa.com